U0577038

走进原生家庭，找回爱与亲密的力量

〔美〕巴里·K温霍尔德　　〔美〕贾内·B.温霍尔德　著
（Barry K.Weinhold）　　　（Janae B.Weinhold）

李婷婷　译

The Flight
from Intimacy

中国 友谊出版公司

图书在版编目（CIP）数据

走进原生家庭，找回爱与亲密的力量 /（美）巴里·
K. 温霍尔德，（美）贾内·B. 温霍尔德著；李婷婷译 . ——
北京：中国友谊出版公司，2021.11
书名原文：The Flight from Intimacy
ISBN 978-7-5057-5341-9

Ⅰ . ①走… Ⅱ . ①巴… ②贾… ③李… Ⅲ . ①家庭教
育 Ⅳ . ① G78 ② G61

中国版本图书馆 CIP 数据核字 (2021) 第 217520 号

著作权合同登记号　图字：01-2021-6485

书名	走进原生家庭，找回爱与亲密的力量
作者	[美] 巴里·K. 温霍尔德
	[美] 贾内·B. 温霍尔德
译者	李婷婷
出版	中国友谊出版公司
发行	中国友谊出版公司
经销	新华书店
印刷	北京画中画印刷有限公司
规格	880×1230 毫米　32 开
	9 印张　175 千字
版次	2021 年 11 月第 1 版
印次	2021 年 11 月第 1 次印刷
书号	ISBN 978-7-5057-5341-9
定价	48.00 元
地址	北京市朝阳区西坝河南里 17 号楼
邮编	100028
电话	(010) 64678009

推荐语

我接待过很多病人，他们口中描述的父母，普遍都不会比童年时的真实经历更加消极，反而总会更加积极。将父母变得理想化，是他们生存下去的必要条件。

——《与原生家庭和解》（*Das Drama des begabten Kindes*）作者
爱丽丝·米勒（Alice Miller）

依赖无能是与依赖共生相反的另一个极端，却少有人了解这一点。许多具有严重依赖共生问题的人尚未接受治疗的原因之一，是还未关注到依赖无能问题。许多具有孤独、广场恐惧症、叛逆、性瘾问题的人实际上都是依赖无能者。许多人将自己的行为定义为依赖共生，但却会表现出一些依赖无能的特性。

我们需要这本书来弥补人们对依赖共生的认识不足。温霍尔德夫妇是这方面的专家，他们的著作结构完整，补充了对依赖共生问题的研究资料，我推荐大家读一下。

——《家庭会伤人》
（*The Family—A Revolutionary Way of Self-Discovery*）作者
约翰·布雷萧（John Bradshaw）

前　言

　　今天，是漫长的一天。我一直在努力攻读博士学位，努力适应陌生城市里的新生活，担心在未来的两三年里如何养活自己。通常，我会用"坚强起来，努力做吧"这一办法说服自己克服恐惧。然而，今晚，我感到不知所措，因为我意识到与巴里（Barry）结婚并全心全意成为伴侣这一承诺的重要性。我害怕我会失败，我还觉得自己很脆弱。

　　我下楼去找巴里，坐在他身旁。他正在看电视上的体育新闻，几乎没有注意到我。我静静地坐了一会儿，希望他能注意到我的脆弱，但是他没有。我告诉他我很累，问他是否准备上床睡觉。他说如果我想睡的话就先去，他马上就到。

　　我上楼去睡觉，等他上楼。黑暗中，我内心坚强的堡垒开始土崩瓦解，无言的恐惧开始侵袭。我蜷缩成一小团哭了起来。过了半小时，巴里才上床睡觉。那时候，我深陷在自己的内心世界里，感到被遗弃，被他的怠慢伤害。巴里上床睡觉时，我朝我这一侧挪了挪，从他身边挪开。他马上意识到出了什么事，朝我靠近，关心地问我怎么了。

到这一刻，我已经把那些无言的恐惧转化为对巴里的愤怒，因为他没有注意到我的需要，也没有立即上楼照顾我。我有意把他想成一个坏人，怪他无情、迟钝，在我需要他时，他不能立刻出现在我身边。我开始猛烈地指责他，抱怨他有多差劲，却忘了我最初想要他做的是什么。他继续轻声地跟我说话，试图把我的愤怒值降到最低。

在这一刻，我的愤怒已经完全驱散了恐惧和脆弱。在怒气的驱动下，我又骂了他一句，从床上跳下来，穿上睡袍和拖鞋，抓了一条毯子，走进起居室。我躺在沙发上，气愤地拉上毯子，试图入睡。

这种熟悉的孤独感提醒我，自己才是生命中唯一可以依靠的人。当我真正需要他人时，他们从来都没能陪在我身边。几分钟内，我经历了毕生的痛苦，感觉自己像个受害者。愤怒和怨恨的气焰最终冷却，现在，我只能感受到孤独带来的痛苦。

我开始意识到，尽管在他人看来，我的行为并不奇怪且情有可原，但它并不能保证我得到自己想要的东西。我真正想要的是巴里的亲近和安慰。接下来的一刻是我生命中最艰难的时刻之一，因为这时候我明白我是有选择的。我可以选择让怨恨和虚张声势的围墙倒下，让他看到隐藏其下的真实的我是什么样子，或者我可以保持围墙屹立不倒，将这一段感情推向注定破裂的边缘。我被孤立和抛弃以及挣扎的方式，展现了我内心的创伤和脆弱，这一点我很难承认。

在我的第一段婚姻中，丈夫似乎总是遥不可及。通常，我是追随和寻求依赖的一方。然而现在，巴里总会陪在我身边。现在，我看到他有亲近的欲望，也看到他是一位称职的伴侣，这些都强迫我直面自己对亲密的恐惧和抵抗。在这段感情中，我对巴里的行为就像上段感情中前夫对我的行为那样，这样的意识让我打破了自己的一些幻想。我感到羞愧和脆弱。

内心深处，我感觉到一种对完整的渴求和对新生活的希望，它驱使我收拾毯子回到卧室。巴里仍然醒着。我问他是否能帮我处理这段插曲。他仍然很受伤，毕竟我对他大喊大叫会让他难堪，但他还是说想要与我亲近。我们都期待这段感情继续下去，于是，我们开始处理残留的冲突。

我了解到自己想要在危机和创伤中看上去很好，表现得很坚强。这种持续终生的行为模式的原因是：在 11 个月大时，我就遭受过母亲的情感忽视和突然抛弃；在我 12 岁时，母亲自杀了，同时还杀了我弟弟；第一段婚姻中经历过虐待、离婚；在 40 岁时，我需要重新面对单身的恐惧和回归工作的风险。在 1985 年的这个晚上，我终于向巴里展示了自己依赖无能的一面，这是我第一次展示了自己的恐惧并收获了亲密。我再也不是别人眼中那个温柔、冷酷、能干的模样。摆脱依赖无能模式一直是我生活中最困难的任务之一。我对这两段感情的分析，带我走向内心深处，消除了大部分的障碍，帮我与巴里建立起完全亲密的感情。

什么是依赖无能

依赖无能者外表看上去坚强、自信，但内心却充满了软弱、不安、恐惧和渴求。在事业上，他们可能有很好的表现，但在人际关系上，他们通常是失败的。他们常常缺乏良好的人际关系技巧，不敢接近他人，尽量避免亲密的关系。他们也能很好地抵御，不让任何人看到自身隐藏的弱点和脆弱。总之，他们一直忙着向别人展示自己好的一面，不需要任何人帮助的一面。

成人在生活中能够给予和接受的爱、亲密和亲近，常常受到依赖无能的严格控制和限制。我们在下面的"问题解决"一栏中列出了许多类似的行为，这些行为可能会导致孤独感、疏离感和"寂静的绝望"的感觉。

问题解决：你做过这些事吗？

- 试图掩饰正常的恐惧、焦虑或不安，避免被他人发现。
- 感到自己无法识别和 / 或表达重要的情感。
- 试图让自己始终"看起来很好"，始终是"正确的"。
- 对他人的动机缺乏信任。
- 感到被他人的行为伤害。
- 在亲近的亲密关系中感到焦虑。
- 在需要他人时，也不愿意求助。
- 宁愿独自工作。

- 始终害怕犯错误。

- 对挫折容忍度低，在受到挫折时发脾气或发怒。

- 无法放松，需要经常性地投身工作或活动中去。

- 害怕因为别人的需要而感到窒息或受控制。

- 对他人的需要或感受知之甚少。

- 倾向于将所有关爱性质的触摸转变为性。

- 沉溺于工作、性、活动或运动。

依赖无能与依赖共生有何不同

重要的是，你要了解依赖无能行为与依赖共生行为有何不同，这两种行为由截然不同的儿童早期经验引起。下面 "行为差异" 的图表阐述了它们的不同之处。

行为差异	
依赖共生行为	**依赖无能行为**
·依附他人	·推开他人
·表现出无力或脆弱	·表现出强大或顽强
·被他人的感情所淹没	·隔绝他人的感情
·以他人为中心	·以自我为中心
·沉迷于人	·沉溺于活动或事情
·易被他人侵犯	·"武装自己"，抵御他人接近的企图
·自尊心不强	·虚假夸大的自尊

行为差异	
依赖共生行为	**依赖无能行为**
·行动上无能	·努力让自己"看起来不错"
·消极的能量	·狂躁的能量
·表现出不安全	·表现出安全感
·表现出软弱	·表现出强大
·感到内疚	·责备别人
·渴望亲近和亲密	·避免亲近和亲密
·行为谦让	·行为夸张
·成为受害者	·试图伤害别人
·是一个迎合他人的人	·是一个控制他人的人
·童年受到忽视	·童年受到虐待

此外，依赖共生者最终会与那些依赖无能者建立联系，这会引发许多冲突和误解。具有依赖无能行为模式的成人常会经历一系列人际关系的破裂。他们往往会建立肤浅的人际关系，且关系难以维系下去，或者从不允许自己与他人变得非常亲密。下面的例子说明了具有依赖无能行为模式的成人会遇到的一些困难。

约翰（John）是一个督促自己和同事努力工作的人，大家都觉得他对自己和他人太严苛。一些小事上出了错，他常常会"愤怒地攻击"。尽管他工作表现很好，但由于人际关系问题，他还是被踢出了提拔名单。

萨姆（Sam）很聪明，似乎很容易掌控生活。他穿着入时，长得也不错，但他觉得不安，没有自信。受邀在每月的销售会议上发言时，他不得不通过服用一些药物来准备这场演讲。

琼（Joan）看上去总像是从时装杂志上走下来的，风趣幽默，但难以接近。没人知道她恐惧性亲密关系这一秘密。

苏珊（Susan）似乎总是很忙，忙着照顾孩子，为丈夫和家人做饭，在当地慈善机构服务，打网球或在健身房锻炼。她忙完所有的工作，在家里坐着放松时，就出现很多麻烦。她经常偏头痛，需要卧床休息。丈夫抱怨她没有足够的时间在一起，绝望之下，他和办公室里的女员工有了外遇。

成人依赖无能行为的原因是什么

依赖无能行为是由幼儿早期最重要的两个发展过程——联结和分离未能完全完成造成的。这些进程未能在适当的年龄完成，就会成为向前发展过程中的额外负担，影响随后的每一个发展阶段。如果这些发展过程不能在童年或青春期结束之前完成，人们就会带着它们进入成年生活，持续寻求完成的时机。这些不完整的发展过程可能会导致成瘾、严重冲突、难以接近或亲近等问题，使一个人成为他人的受害者，无法拥有成就感和成功的人际关系。

从出生到 3 岁左右，儿童需要他人的帮助来完成这两个重要的发展过程：联结和分离。与父母和他人建立亲密关系通常是从孩子出生的那一刻开始的，这个过程能让孩子培养起一种基本的信任感和安全感。这是一种深层的协调，父母和孩子之间有很多肢体接触，例如拥抱和关爱性的触摸，能给孩子传递愉快和欣喜的信息。孩子们需要知道，他们被爱是因为自己本来的样子，知道父母需要自己。联结为孩子们提供了坚实的基础，使他们开始在身体和情感上分离，逐渐远离父母，安全可靠地探索世界，学会成为情感自主的人。儿童也需要监督和支持，以便与父母产生情感上的分离。联结越牢固，他们就越容易分离。理想的情况是，孩子应该在 3 岁左右完成与父母情感上的分离。

当孩子成为独立个体时，他们有自信依靠自己内心的能力做出决策。他们不再单纯地依靠别人指挥自己的生活。完成这一重要步骤也被称为心理的出生，他们已经产生一种健康的自我意识，能够为自己的行为负责，能够分享和合作，以适当的方式处理挫折、有效地应对他人的权威，并以健康的方式表达情感。但在此期间，发展需求得不到满足时，依赖共生或依赖无能的行为模式在生活中循环出现，人们就会一直停滞不前。

童年期间，干扰这些发展任务成功完成的事件是什么？通常，孩子有可能会经历情感、身体、精神或性虐待的创伤，有时甚至是身体上或情感上的忽视或抛弃。然而，我们在临床研究中发现，依赖共生和依赖无能行为最常见的成因是发展性创伤，是由父母与孩子之间微妙的情感断裂过程中情感共鸣的缺失和丧失造成的。如果这些断裂不被认识和解决，就会产生一种隔绝和分离的模式，严重影响成年后的亲密关系。一个人在孩童时期被信任的人虐待，成年后在接近其他成人时，就会经常害怕遭遇类似的虐待或遗弃。

那些被虐待的人学会构筑身体和心理的围墙，保护自己避免遇到有未愈合的童年创伤情感的成人。

虽然人们通常不会记得这些创伤，但是，这些创伤往往会出现在他们的人际关系历程中。人们否认这些早期事件的影响的原因之一是，他们相信孩童时期遭受的虐待是好心的父母为了孩子好。孩子们常常认为遭受的虐待或抛弃是由自己带来的。

家长或其他成人情感虐待的形式可以是退出亲密关系、谩骂、不了解和尊重孩子的需求，并试图控制孩子的活动。关系破裂、虐待他人、抑郁、离婚、成瘾等症状都是揭示未被发现的童年发展创伤的重要指标。

身体虐待，是对不良行为的体罚，包括拍、打、用棍子敲、打屁股和在裸露的皮肤上留下伤痕或瘀伤等形式。父母或成人对儿童的性虐待有有意和无意两种形式，包括从未向孩子传递正确的性知识或向孩子灌输错误的性知识到实际的乱伦。一个人在儿童时期遭受身体虐待或性虐待，成年以后就会难以与他人亲近和亲密。他们常常不自觉地在自己或他人身上重演曾经遭受的虐待。

遗弃或疏忽可能是身体上的、情感上的或精神上的。人们身体上的抛弃或忽视造成的创伤，特征是缺乏人际关系，有时会比情感或精神上的抛弃或忽视更容易被摆脱。由于身体的放弃或忽视，人们有了一种切实的体验，知道"发生了些什么事"。当父母身体存在但是情感上缺席时，或者父母忽视孩子的触摸、抱持和舒适的情感需求时，孩子们可能会产生这种感受。这些类型的抛弃或忽视更难被识别，因为它们不太明显，但却可以留下深刻的伤痕。

我可以改变依赖无能行为吗

幸运的是，人们可以通过阅读这方面的书籍，做各种书面练习，与有过类似经历的人聊天，或进行互助治疗等方式改变依赖无能行为。他们可以开始把成年阶段遇到的问题与童年的虐待联系起来，以此摆脱对亲密问题的否认。他们能意识到自己不是虐待产生的原因，帮助自己克服早期发展性创伤的影响。一旦了解到童年经历和成年问题之间的关系，他们就有可能利用有效的方法帮助自己变得完整。

识别依赖无能行为在发展心理学领域是一个比较新的话题，只有少数人在研究，如约翰·布雷萧、帕姆·莱文（Pam Levin）、简·克拉克（Jean Clarke）、乔恩（Jon）和劳里·韦斯（Laurie Weiss），他们已经开始用发展的观点看待关系成瘾。发展心理学家斯蒂芬·约翰逊（Stephen Johnson）、埃里克·埃里克森（Erik Erikson）、罗伯特·海维格斯特（Robert Havinghurst）、让·皮亚杰（Jean Piaget）、玛格丽特·马勒（Margaret Mahler）、詹姆斯·马斯特森（James Masterson），他们在帮助我们理解人类是如何发展的方面做出了重大贡献。我们的发展性理论为那些希望在成人关系中更亲密的人带来更多的希望，因为它提供了一个循序渐进的方案，不需要药物或长期的心理治疗。

此外，我们已经建立了一个系统的发展性理论，称为发展系统理论（Developmental Systems Theory，简称 DST），将个人发展模型的四个阶段应用于其他人类系统。通过临床和启发式的研究，我们发现人类所有系统（夫妻、家庭、团体、组织、文化、民族／国家和人类）的发展都要经历四个阶段：依赖共生、依赖无能、独立和相互依存。所有系统都会经历一系列的发展过程和发展阶段，向更高一级的功能系统进化。

本书中，我们利用这个四阶段模型帮你认识到每件事、每个人都在发展。大多数人类系统都停留在依赖无能发展阶段。我们还描述了发展过程方法，帮助人们完成发展过程以促进人们和系统的改变。

联结和分离发展不完全，就会带来成年人际关系中的问题。一旦确定了早期发育过程中由联结断裂而引发的创伤，你就可以开始通过自我养育来修复这些断裂，完成这些发展过程，并且有可能在你的生活中体验更多的亲密。

> 依赖无能特征在美国如此普遍，以至于它们看起来像是"正常"的行为。

依赖共生行为与抛弃和忽视的创伤有关，而依赖无能行为与虐待的创伤有关。一个人如果经历了两种类型的创伤，成年后就会交替表现出依赖共生行为和依赖无能行为。这意味着，那些看起来更像是依赖共生的人可能也会在某些人际关系中表现出依赖无能的行为。我们的社会中，大多数成人都有由依赖无能行为、依赖共生行为或两者兼有造成的人际关系问题。依赖共生问题已被确定、研究和撰写，而依赖无能问题和依赖共生/依赖无能组合问题仍然未知和未被研究。

本书向你展示了如何轻松且快速地识别你的依赖无能问题的来源，并找出那些让你在人际关系中挣扎的、未满足的发展需要。本书还向你展示了改变这些行为的有效方法，这样你就能建立更有效和可持续的亲密关系。我们估计，美国有超过50%的成人在人际关系中经历了一些不正常的发展过程和未满足的需求。

这些行为的严重程度构成了一个连续体，从轻微（例如不能够直接提出你的需要和需求）到严重（例如沉迷于酒精、药物成瘾、性、工作或活动），影响人们获得持续和成功的人际关系。我们估计，至少有75%的成人有中度功能障碍，导致亲密关系长期冲突或缺乏可持续性。

显而易见的是，依赖无能和依赖共生的行为功能障碍不仅受到原生家庭中个人经历的影响，社会中的大多数机构也都在不自觉地支持依赖无能和依赖共生行为与受害者心态。此外，这些个人、社会和文化的现状表明，人类作为一个物种在进化过程中是停滞的，人们会重现从父母那里习得的教养方式，然后再传递给孩子。

克服依赖共生和依赖无能功能障碍的目标是恢复真实的自我。我们的父母和祖辈都没有认识到或看到拥有自我的价值。他们将拥有自我视为自私、任性、自恋，这一观点被主流文化所支持。他们不明白，想要拥有自我不是自私，而是与生俱来的走向完整的本能，是与生俱来的真实权利。

我们这一代人第一次明白，想要拥有自我是人类进化的自然过程。随着发展心理学领域的新知识的产生，这种认识慢慢地在我们的社会中产生了影响。在过去的 20 年里，有关优生优育和人类发展的新知识才被广泛地普及。

现在，有了这些新知识，我们可以看到父母抚养我们的许多方法以及我们抚养孩子的许多方法都是有问题的。不过，评判、责备或羞耻感都没用。慢慢地，我们会越来越认清人类可能成为什么样子，并有一个完整的新视野，帮助我们从童年的创伤中解脱出来。

"婴儿潮"[1]一代是第一批想要拥有自我的人。现在，他们的孩子和孙子都渴望得到希望，让他们寻求自我，寻求帮助他们获得更亲密关系的工具。当我们建立发展系统理论时，这些人就是我们心目中的受众。

本书的独特之处在哪里

这本书是 23 年潜心研究的结果。虽然本书的许多观点看似激进，但是，我们知道这些观点是有效的，我们提供的工具也是有效的。这

---

[1] 婴儿潮：指美国第二次世界大战之后人口爆发式增长的现象。

些要素使本书具有独特之处。

书中的故事是高度个人化的。我们作为夫妇、教授、治疗师、父母和祖父母的过程中，承诺要言行一致，将我们的关系作为我们的实验场地。

我们把在工作中学到的个人经验和生活中学到的夫妻相处经验，应用到与父母、孩子们和孙子们的相处过程中。我们还将这些经验应用到心理治疗的来访者、学生，以及讲习班、研讨会和公众讲座的参与者身上。当这些素材在这些领域的应用已经足够扎实之后，我们就把这些写了下来。在这本书中，我们与大家分享的都是自身的经历。事实上，你还会在最后一章中看到我们自己的故事。

我们将依赖无能看作是依赖共生关系的另一面。据我们所知，人们可能并不熟悉依赖无能这一术语，本书是唯一一本以依赖无能为主题的书。但是，依赖共生相关的书籍已经出版了400多本，还有无数的杂志文章、很多相关主题的访谈也已经上线。依赖无能问题同样严重，但几乎总是被忽略。

你知道吗……

我们对待亲密的方式是独特的，我们重新定义它，将所有的关系经验囊括在内，无论它们是积极的还是消极的，与伴侣发生冲突都能像做爱那样充满感情。在我们的理论模型中，我们把亲密定义为与另一个人有意义的情感接触。亲密关系中缺乏情感接触常常被视为冷漠，冷漠才是爱的相反面，而不是简单的恨。

我们的方法是独特的，因为我们建议在可能的情况下使用亲密关系改变发展的缺陷，如依赖无能和依赖共生的行为。我们相信，亲密关系中的伤口是最好的提升点。那些利用他们的重要关系来解放自己的人，发现了一种在旅程开始时难以想象的亲密感。当你摆脱了依赖无能时，你将体验到更高水平的亲密度和精神联结。

当人们互相帮助治愈童年创伤时，他们经历了我们所谓的"深度亲密"，并从中体验到灵魂的触动。这种情况发生时，两个人都剥除了他们构筑的看上去很好或表现得很强的外在，他们改变了自我的脆弱性。双方（不管他们是不是夫妻）通过互相帮助治愈童年的创伤，在发展中前进，并且都变得更加个性化，心理上更加独立。

这种亲密不同于虚伪的亲密关系，它强调幸福和美好时光，超越分歧和冲突。我们的经验是，人们在逃避亲密的过程中常常隐藏自己的问题，假装问题不存在，直到隐藏的问题被一些小事件引发，然后爆发成一场巨大的冲突。

还有第三种亲密关系，我们把它定义为超然的亲密关系。这种形式的亲密需要个人的心理发展到一定程度，能够体验到高层次的精神合一而且不会失去自己的独立意识。通过引导和控制性能量的流动，进入欣喜若狂的身体状态。

平衡的关系包括超然和深度的亲密关系，包含利用日常生活中亲密关系里的冲突作为提升认识的窗口。在这里，在你的深度亲密中，你会在心灵层面发现和治愈你的破碎并体验到亲密。清除深刻的创伤，可以为你开启精神联结的超然体验。一旦我们在自己的工作中发现了这种现象，我们就会逐渐相信这些创伤是寻找更亲密关系的机会。然而，最让我们感到惊讶的是超然经验经常会加深我们的创伤。在没有预警的情况下，我们发现自己很快就从一个精神的高峰体验转变为加深创伤的再次体验。

这两种截然不同的亲密关系可以产生一种类似发动机的强大推力，并能在发展过程中推动两个伴侣前进。在这两种亲密关系中，发展两种技能的夫妇可以利用他们的关系作为心灵进化的机制。

心灵进化需要一个整体的方法。打破依赖无能行为涉及生理、心理、情感和精神层面的转变。物质成瘾的人必须先解决身体上的依赖问题，然后才能解决与物质滥用有关的情感问题。我们的整体方法涉及不同层面的治疗，提供了一个通用的方法，帮你确定可能会导致亲密关系问题的依赖无能模式。

在成瘾领域，依赖共生和依赖无能性的术语经常被用作疾病诊断。我们不会这样做，而是对依赖无能行为产生的原因提供一种非医学性的、发展性的解释，并提出一种有希望的、发展性的方法来帮助你体验亲密关系。我们确定了依赖无能的社会和文化根源，及其在社会发展和文化发展中的作用。

使用传统医学模型的治疗师告诉人们，他们无法从依赖共生的"疾病"中恢复过来，甚至可能因此死亡。结果，这些人感到羞愧和自卑。这种说法也导致具有依赖共生行为的人否认自己未满足的需求，以避免依赖共生的产生。在许多情况下，这种羞耻感阻止人们采取必要的深层变革行动来满足他们的需要。相反，他们建立起保护性的防御系统，并跳转到依赖无能中，因为这是可以被社会接受的。这种疾病导向和人们对它的反应，可能是导致 20 世纪 90 年代初自助运动突然崩溃的罪魁祸首，也促使反对亲密关系的依赖无能防御机制广泛建立起来。在第 5 章中，我们会说明，数以百万计的美国人已经接受了低质量的生活，因为他们被动地接受了评判性的、以疾病为导向的理论作为成瘾关系的解释。

本书不会诊断你是否患有某种心理疾病，而是为你改变依赖无能行为提供了一张指导图。如果你有兴趣打破文化强加的心理桎梏，并达到更高层次的亲密关系，这本书可以为你提供帮助。

每个人、每对夫妇、每个家庭、每种文化都在无意识地寻求整体性，但缺乏清晰的意识和有效的工具。除了看到依赖无能中哪些是"正确的"以外，我们也有很多自助工具，帮你停止逃避亲密。改变你的逃避模式将有助于你发展更健康的亲密关系，并完全恢复你的自我。如果你自愿通过阅读、参加支持小组，建立承诺的、治愈的关系来消除依赖无能行为，你就不需要大量的治疗。

本书中，我们强调个人的自给自足和自我赋能，为你提供摆脱依赖无能模式陷阱的基本技能。我们还会提供书面练习，以帮助你识别依赖无能模式，并走向完整。我们还向夫妻展示如何协同工作来帮助对方摆脱依赖无能的行为模式。我们提供的实用练习，会帮你在互助的过程中体验深度的亲密。

我们提供了超越依赖无能和其他非正常行为的生活愿景。许多自助项目并没有给人们提供一个清晰的前景，用以说明恢复自我和变得完整的意义。我们知道，如果没有这种愿景，人们就无法前进和成长。

注意：如果你当前正在接受治疗，请在完成本书附带的练习之前获得你的治疗师的许可。如果你没有接受治疗，我们建议你和一位关爱和支持你的朋友、伙伴或支持小组一起完成这些练习。

目 录
C O N T E N T S

第一部分　逃避亲密

第二部分 亲密的途径

第三部分　超越依赖无能 走向伙伴关系

第一部分

逃避亲密

∞ 1　依赖无能：依赖的另一面

但他是一个人，他身上正在发生一件可怕的事情。所以我们必须关注他，不能让他像一只老狗那样跳进坟墓中。这样的人必须受到重视。

——阿瑟·米勒（Arthur Miller）

在之前的一本书《依赖共生》（*Breaking Free of the Co-dependency Trap*）中，我们确认了依赖共生的原因是未能完成联结过程——这是童年早期最重要的发展过程之一。我们解释了如何完成这个过程，以及如何消除依赖共生问题。

问题概述

相对来说，识别依赖共生行为比识别依赖无能行为简单得多。以下几种方式是证明依赖共生存在的重要迹象：

· 不知道为什么而感到焦虑和不安。

· 不断地担心别人会拒绝你。

- 感觉被困在一段虐待的关系中。
- 不信任自己和自己的决定。
- 照顾别人而不是自己。
- 试图取悦他人。
- 很少或没有个人的边界。
- 不知道你想要什么或需要什么。
- 表现得像个受害者或烈士。

相比之下，一个躲在办公楼的某个角落里工作到深夜的人，他的依赖无能行为可能不那么明显，但他的行为同样是功能失调的。表现出依赖无能行为的人可能与表现出依赖共生行为的人一样，在亲近和亲密上有未满足的需求，而这些需求是隐藏的——不仅对他人隐藏，也对自己隐藏。因此依赖无能者会评判提出要求的人，而且确实觉得这样做是合理的。因为在过去，当他们暴露自己的弱点和脆弱时，他们会受到别人的取笑或忽视。

你如何判断一个成人是否有依赖无能行为？当你查看以下典型行为列表时，你可能会发现一些行为让你想起两岁孩子的样子而不是成人的样子。这并不奇怪，因为人们的社交和情感需求在生命的头三年里没有得到满足，这些需要会在成年后的人际关系中出现，并干扰亲密关系的建立。这是成人依赖无能行为出现的主要原因。当个人在童年未能满足发展需要时，他们会发现自己只是在"扮演成人"。

你知道吗……

童年时没有满足的发展需要会成为前行中携带的额外负担。这些需要持续地引发人们的关注，产生冲突，干扰成人人际关系中的亲密。依赖无能行为帮助你应对未满足的需求。你并不会因为它们而变坏或不适。在你目前的人际关系中，你总是尽力满足这些需要。

依赖无能的特征

阅读以下特征列表时，请你审视有多少行为会在你身上出现。理解你试图满足发展需求的依赖无能行为，首要的一步是确定你的补偿行为。你会做以下的事情吗？

- 难以亲近他人。
- 难以维持人际关系中的亲密。
- 当你离开别人或别人离开你时，你会倾向于认为人们的做法有问题或有错。
- 除了感觉到愤怒或悲伤之外，你难以体会自己的感受。
- 害怕别人控制你。
- 倾向于拒绝别人的新观点。
- 反抗或远离那些试图接近你的人。
- 在亲密、亲近的关系中焦虑。
- 会不断地担心自己犯错。

- 努力做到完美，并期望别人也完美。
- 即使你需要帮助，也不会寻求帮助。
- 有强烈的、正确的需要。
- 在肩膀、胸部或腹部有厚厚的肌肉或脂肪，像一件防弹衣一样。
- 害怕被别人的需要吞噬。
- 如果你表现出弱点或恐惧的话，你会害怕别人拒绝你。
- 很容易感到无聊，需要寻求新的刺激。
- 对自己或他人提出过高的要求。
- 把人们看成是好的或坏的，这取决于他们与你的关系如何。
- 一周中工作很长时间，周末也要上班。
- 忙于业余爱好、娱乐活动或其他项目。
- 很难放松下来或什么都不做。
- 很难应对自由活动时间或没有安排的时间。
- 不能按自己的方式做事时，你会生气。
- 在体育运动或商业交易中极端冒险，暗自希望自己能变得富有和成名。
- 相信自己有权让别人以特殊的方式对待自己。

　　与有依赖共生行为的人一样，有依赖无能行为的人也有一种感觉，即没有别人的帮助，自己就不会完整。然而，他们试图把这个事实隐藏起来，这样他们就可以看起来好像真的不需要他人一样。为了维持这种欺骗，他们常常耗费大量的精力，在需求深度和范围上欺骗自己和他人。

他们经常勉强自己坚持做着别人重视和鼓励的事，如工作、爱好、娱乐、锻炼或社区活动，所有这些活动都能使他们忙碌起来，让他们看起来很不错。他们这样的做法实际上是在逃避，希望自己不必感受到成长过程中被周围的人拒绝、抛弃、虐待或压迫的深切感受。这些人可能是他们的父母或老师、年长的兄弟姐妹、同龄人等。

成人依赖无能行为的成因

成人表现出依赖无能的行为有三个基本的原因：（1）在生命的第一年里没有与父母建立起充分的联结；（2）父母不能帮他们在生命的第二年和第三年里完成情感上的分离；（3）因为某种微妙的虐待或忽视，他们遭受了发展性创伤。我们估计，只有1%或2%的成人能成功地完成联结和分离，这是儿童早期的基本发育过程。结果，不成熟的发展过程在成人关系中不断出现，阻碍了他们的亲密关系。

在父母和社会适当的支持和指导下，你应该会在3岁左右完成"心理出生"。这一重要发展过程中最大的干扰，是生命头三年里出现的微妙情感、身体和/或性虐待以及发展创伤。

> 依赖无能行为表明，你在幼儿时期没能完全完成与父母的心理和情感上的分离。

一个人反复地、过早地暴露于任何形式的创伤和暴力中，就会对暴力失去敏感。谈到依赖无能时，我们通常会问观众，如果他们亲眼见过暴力或虐待，或者有人对他们实施过暴力或虐待就请举手。通常，大约1/3的观众会举手。但是，一个人从未目睹过暴力或虐待行为，也意味着永远不看暴力的电视节目或电影，没有在家里、工作场所、公路、学校或邻里中看到过暴力或虐待行为。任何一个人一直受到这种保护都是不太可能的！那么，当我们问这个问题时，为什么没有更多的观众举手呢？

也许他们在这些时刻学会了分离，以应付创伤和虐待的回忆。但是，他们也可能处于一种持续的高度警戒状态，以防止过去的创伤和虐待的记忆被触发。当人们持续处于高度警觉状态中时，他们的肾上腺激素通过血液流动，触发战斗、逃跑或冻结反应。一旦当前的人际关系冲突中包含了先前未解决的创伤或虐待的细微暗示时，他们尤其会采取类似的反应。这些典型的肾上腺应激反应连接到我们的大脑中，帮助我们应对我们认定的危险情况。我们甚至不用思考，只用反应。未愈合的发展创伤，可能是美国人拥有2.7亿支枪的主要原因之一。人们只是感到不安。

人们对创伤遭遇的恐惧，常常同时发生另一种现象：人们被创伤所吸引并着迷。人类的自然学习方式是重复行为直到吸取教训或治愈创伤为止，弗洛伊德称之为重复性的强迫。我们被恐惧吸引，因此我们可以治愈创伤。这就是许多人喜欢看暴力电影的原因，他们似乎很享受被吓得魂不附体的感觉。虽然人们似乎沉迷于暴力，但他们仍在试图理解和治愈童年的创伤。年幼的孩子没有完成心理出生，看到家里或电视上的暴力，他们感觉这些好像直接发生在自己身上。

父母忽视和遗弃的作用

在《高风险：没有良知的孩子》（*High Risk : Children Without a Conscience*）中，肯·马吉德（Ken Magid）和卡罗尔·麦凯尔维（Carol Mckelvey）认为，受到严重虐待和忽视的儿童，如果没能在 16 岁之前对其生活进行干预，成年后就会诉诸暴力。他们估计，有超过 2000 万的成人属于这一类人，而且此类人口的增长速度超过了一般人口的增长速度。这个数字提醒我们要更好地保护我们的孩子，尽早地干预他们的生活。马吉德预测，如果我们不这样做，"很快，这类人的数量就会超过一般人口的数量，然后我们将陷入真正的麻烦中"。

贝勒医学院的布鲁斯·佩里（Bruce Perry）博士的最新研究表明，把一个正常的孩子变成一个杀手，只需要一个非正常的家庭环境。他总结说，"反复的虐待、忽视或恐惧经历会让幼儿的大脑发生永久性的生理变化"。他发现，肾上腺素的不断涌入会使大脑重新设定警报系统，将正常的预警系统变为长期的一触即发的警报系统。

儿童经常遭受虐待，或目睹兄弟姐妹或父母等人受到虐待，肾上腺激素水平就会上升，从而使大脑停止活动。马吉德认为，高危孩子会经历这些事情，通常有反社会性格、心率低、情绪敏感性受损、缺乏同理心，常常会有杀死或折磨小动物的行为。

福斯特·克莱因（Foster Cline）是一位性格障碍儿童的治疗师，是第一个对高风险的儿童依恋障碍的特点进行阐述的人。克林纳认为高危儿童会：

- 无法给予和接受情感。
- 表现出自残行为。
- 对他人很残忍。
- 采用虚假或诱人的"甜言蜜语"。
- 有偷窃、囤积和暴食等方面的严重问题。
- 表现出明显的行为控制问题。
- 缺乏长期的友谊。
- 眼神接触异常。

亲子依恋有三种类型：安全型、回避型和焦虑/矛盾型。坎波斯（Campos）、巴雷特（Barrett）和同事们发现，62%的婴儿是安全型依恋，23%的婴儿是回避型依恋，还有15%的婴儿是焦虑/矛盾型依恋。孩子早期的依恋类型会导致他产生所谓的内部工作模型。回避型儿童有三种亚型：（1）撒谎型欺凌者会指责别人；（2）害羞的、隔离的孤独者看似情绪平和；（3）明显不安的孩子会反复地抽搐和颤抖、做白日梦，对他周围的环境不感兴趣。焦虑/矛盾型儿童有两种亚型：（1）紧张且容易因失败而感到心烦意乱的烦躁、冲动的孩子；（2）缺乏主动性、容易放弃的害怕、敏感和紧张的孩子。

《精神障碍诊断与统计手册》（第四版）（*The Diagnostic and Statistical Manual of Mental Disorders-IV*），由美国精神医学学会出版，列出了"品行障碍"的诊断特征，这一诊断适用于 18 岁以下的未成年人，也适用于 18 岁以上成年人的"反社会人格障碍"诊断，症状如下：

1. 对人和动物有攻击行为：

- 常常欺负、威胁或恐吓他人。
- 使用可能会对他人造成严重身体伤害的武器。
- 经常发起身体上的斗殴。
- 对他人的身体很残忍。
- 对动物的身体很残忍。
- 当着受害者的面盗窃。
- 强迫某人进行性活动。

2. 毁坏财产：

- 蓄意纵火。
- 故意破坏他人财产。

3. 欺诈或盗窃行为：

- 入侵别人的房子、建筑或汽车。
- 经常说谎以获得好处、福利或逃避义务。
- 背着受害者，窃取价值非凡的物品。

4. 严重违反规则：

- 不到 13 岁，就不顾父母的禁止，经常在夜间外出。
- 在父母家或代理父母家居住期间，至少有两次在夜里离家出走。
- 不到 13 岁，就经常旷课。

一个人在被诊断为反社会型人格障碍之前，必须在 12 个月内持续表现出 3 种或 3 种以上此类行为，至少有一种行为在过去 3 个月里曾经出现过一次。你可以看到，大多数行为与克莱因在研究不良的联结和依恋的效果时发现的行为相似。很明显，父母的忽视、虐待和情感遗弃在塑造孩子的大脑中起着重要作用。这些行为还塑造了儿童内心理解现实世界的模式，特别是他们如何理解生活环境中成人该以何种方式照顾他们或者是否该照顾他们。为了防止欺凌、学校暴力以及其他儿童和成人的反社会行为，父母需要治疗来学习修复孩子的依恋障碍。

佩里的研究还表明，父母退出或疏远，孩子就会变得消极或沮丧，忽视性的养育还会导致儿童产生大脑发育迟缓的问题。他的研究发现，父母忽视儿童会损害大脑皮层的发育，而大脑皮层则负责产生归属感和依恋感。根据佩里的观点，这些被忽视的孩子迫切需要积极的成人关注，弥补缺失的重视，或修复生命早期从父母或家庭成员那里得到的负面关注。

其他研究还证实，儿童早期形成的内部世界的工作模式基本保持不变。克劳斯（Krause）和哈弗坎普（Haverkamp）总结研究成果，提出："现有研究表明，父母和孩子之间的联结可能影响终生，在之后生活的亲子关系中发挥重要作用。"

发展中的创伤

在冲突解决的研究中，我们发现童年早期发生的发展性创伤是人们逃避亲密关系的主要原因，这些创伤往往是忽视而不是虐待的结果。因此，它们很难被识别。因为除了孩子的社会和情感需求被生活中的重要他人忽视了之外，"什么事都没有发生"。

发展性创伤的成因

- 儿童在 3 岁以前遭遇过虐待、忽视或情感遗弃。
- 正常的发展顺序被打断。
- 疾病导致母亲和孩子在早期联结建立的过程中，产生长期的、重复的或过早的分离。
- 日常生活中，母亲和孩子之间小小的情感脱节。
- 反复侵犯孩子的身体、心理和情感边界。

- 缺乏对儿童的需要的理解。
- 在探索阶段，孩子缺乏安全和明确的限制。

发展性创伤可以对孩子的后续发展产生诸多影响。这些影响可以是身体的、情绪的或认知的。结果，很多孩子的行为都被贴错标签，真正的原因也没被认识到。专业人士和家长都需要更好地了解早期发展创伤对儿童和成人以后的影响。

发展性创伤的影响

- 发育迟缓，可能造成"大器晚成"。
- 依恋障碍（焦虑/矛盾型或回避型）。
- 成人注意缺陷障碍（我们所谓的多动症）。
- 由于缺乏情感交流而导致的认知障碍。
- 使用暴力的原始手段来解决问题。
- 女性中的孤立。
- 男性中的攻击性、冲动性、反应性和过度活跃的行为。

《真正的男孩》（*Real Boys*）的作者威廉·波拉克（William Pollack）说："当父母或其他成人与年幼的男孩断开联结时，男孩学会默默承受，而不是哭泣，最终他们会在某一天泪如雨下。"哥伦比亚杀人事件中的杀手埃里克·哈里斯（Eric Harris）和迪伦·克莱伯德（Dylan Klebold）的生活经历就符合这样的描述。他们利用暴力释放童年时代以来压抑的愤怒和在学校被边缘化时的感受。

布鲁斯·佩里博士的脑部扫描研究发现，被忽视的儿童的大脑认知功能的损伤比受虐待儿童更严重。佩里认为，大脑没有得到足够的刺激时会萎缩。他还发现，儿童在童年早期遭受创伤，就会产生出更原始的、更不成熟的解决冲突的方式。他们往往更加冲动，更容易被刺激事件触发，并且不太可能考虑行动的后果。从这个角度看，欺负可以看作是在适应早期创伤的影响，并且成为个体的一种保护机制，试图再次让自己感到安全。

我们的研究结论

许多人会表现出创伤后应激障碍的典型症状，这与他们早期的联结需求被忽视有关。一个试图使用暴力或虐待控制孩子的成人，通常会经历一个触发事件，重现自己童年时代发生的未愈合的发展性创伤事件。几乎每个人都可以在学习减少创伤和解决冲突的技巧中获益，也可以从重获童年早期失去的积极关注中获益。

儿童早期遭受的虐待和创伤的严重程度决定了成年后的亲密问题的严重程度。我们都知道，那些已经克服了虐待的童年经历的人，在成年后看起来还算正常、亲密和成功。不幸的是，这仍然是少数的例外。大多数人不了解童年的虐待或创伤，直到危机或人际冲突把这些问题带到表面。

虐待是依赖无能行为的一个因素，我们不该感到奇怪，因为我们所处的文化是地球上最暴力和虐待的文化之一。大部分暴力和虐待的对象是家庭成员，特别是儿童。

一项全国性的研究表明，每年有 340 万到 400 万的儿童在离家之前遭受过父母的殴打。研究还表明，每年有 180 万的儿童受到父母用刀或枪威胁。这项研究只涉及已知的虐待情况，而且我们知道，大概只有 10% 左右的家庭虐待事件被公开报道。以上引用的数字仅指故意虐待儿童的情况，还有许多父母以好好教育的名义虐待子女。为了教育孩子，他们拳打脚踢，或用棍子、皮带在孩子裸露的皮肤上留下伤痕，他们折磨和殴打孩子，实际上都是在伤害孩子。

父母也会在情感上虐待孩子，不会留下明显的痕迹。在家庭中，这种虐待比肉体虐待或性虐待更为普遍。爱丽丝·米勒还指出，大多数情感和身体虐待的父母认为他们这样做是为了孩子好。

父母管教孩子的方法包括利用谎言、欺骗、操纵、嘲笑、羞辱、蔑视、胁迫、隔离、抛弃，使用暴力威胁、恐吓或真的收回所有的爱。有些父母还通过习惯性地忽视孩子的基本需要的方式虐待孩子。身体和情感上的忽视似乎是童年的虐待中最具破坏性的形式。

我们只能想象一下家庭中究竟发生了多少有意和无意的性虐待。苏珊·福沃德（Susan Forward）和克雷格·巴克（Craig Buck）写道，每一种经济、文化、社会、种族、教育、宗教和地理背景下，都会发生家庭中的乱伦。在美国，性虐待儿童的总体情况并不乐观。以下是根据第三次全国性的儿童虐待和忽视问题研究以及关于该主题的其他国家级的研究资料的一些信息：

- 超过 150 万儿童受到虐待和忽视的伤害（从 1986 年到 1993 年增加了 149%）

- 超过 140 万儿童受到虐待和忽视的威胁（从 1986 年到 1993 年增加了 306%）

- 忽视被认为是最常见的虐待形式（从 1986 年到 1993 年增加了 114%，增加到近 200 万）

- 2000 年，超过 1200 名儿童死于被虐待或忽视，其中有 85% 的受害者不足 6 岁

- 超过 30 万的儿童受到性虐待（从 1986 年到 1993 年增加了 125%）

- 每年大约 60% 的女孩和 45% 的男孩会受到性虐待

- 在 1999 年发表的一项全国性调查中，有 41% 的家长报告殴打过孩子，38% 的人报告说他们曾咒骂或侮辱过孩子，51% 的人表示他们未能满足孩子的情感需求

- 超过 53 万名儿童受到情感虐待（从 1986 年到 1993 年增加了 183%）

- 超过 13.35 亿儿童被忽视（从 1986 年至 1993 年增加了 163%）

- 近 60 万名儿童受到情感上的忽视（从 1986 年到 1993 年增加了 188%）

- 1996 年，约 1000 名在童年时期被虐待或忽视的人作为实验组接受了追踪调查，结果显示，相对于没有经历过虐待和忽视的控制组来说，实验组的智商明显较低，工作能力明显下降，

犯罪行为的数量是控制组的 1.6 倍，而且更有可能自杀或发展为反社会人格障碍

- 几乎所有的罪犯都会在报告中提到童年时遭受过虐待或忽视
- 所有入狱的黑人男性中，82% 的人在童年时期被虐待或忽视

在许多情况下，有依赖无能行为的成人很少或根本没有认识到婴儿期和儿童期遭受的虐待。他们选择容忍，经受了残酷的虐待，逐渐相信他们实际上理应受到虐待。来访者的背景调查表明他们明显受到过虐待，但他们却说父母很好，童年很幸福。然而，他们私下里却很自卑，依然对自己和他人实施某种形式的虐待。通过治疗，他们通常会开始将成年期在亲密中的挣扎与儿童期的虐待联系起来。

当他们看到两者之间的这种联系时，他们就会开始认识到，一些"正常"的童年事件实际上是虐待的经历。当他们支持自己表达感受，支持自己回忆起过去的经历时，他们就会开始确认自己未满足的发展需要。遭受虐待的人们普遍认为，他们的需求不值得满足。突破这种自我否认和自我限制的信念，往往是他们认识虐待和发现童年深处创伤的第一步。

人类发展的四阶段模型

我们创造了发展的系统理论，帮助我们了解人类物种的进化。我们发现夫妻、家庭、团体、组织、国家，以及作为人类整体的

正常发展，与个体发展一样遵循相同的四个发展阶段：依赖共生、依赖无能、独立和相互依存。每个阶段都包含了必须完成的基本发展过程，以便个体能够进入下一阶段。如果一个发展阶段没有完成，就会延迟发展，并且很难过渡到下一阶段。延迟发展就像在播放 DVD 时按下暂停键。在第 5 章中，我们介绍了关于发展性理论的更多信息。

大多数人都被困于依赖共生和依赖无能的阶段，他们仍在成人关系中努力完成这两个基本的发展过程。因为他们希望表现得像个成人，所以许多成人隐藏、否认或忽视他们从童年时期就存在的未满足的需要。以下"个人发展过程中的发展阶段和主要发展任务"的表格，简要介绍了每个阶段应完成的基本发展过程。

阅读这些清单时，你可以问问自己："我是否成功地完成了这个过程？"如果你不确定，你可以向父母或其他亲属询问你早年生活中的问题，来做进一步的研究。其他有效信息的来源是婴儿时期的照片或记录手册。当你看自己婴儿时期的照片时，将自己调整到小时候的状态，并问问你自己："他感觉怎么样？""他是快乐的，还是焦虑的？"

个体的发展阶段和发展过程		
发展阶段和 主要任务	个体发展的基本过程	为完成个体发展的基本过程 提供的经验
依赖共生 （受孕到出生 后6个月） 联结与依恋	**母亲：** • 获得良好的产前护理和 支持 **孩子：** • 经历非暴力的分娩，产 后立即采取干预措施治 愈所有的分娩创伤 • 与母亲和／或其他成人 照顾者建立一致的、安 全的联结和依恋 • 通过与父母建立一致 的、共鸣的关系，发展 原始的信任 • 发展情感复原能力 • 创建一个安全的内部工 作模式	**父母：** • 保持优质的饮食，减少环 境的压力，以防止怀孕期 间产生皮质醇的风险 • 产后获得有效的情感和身 体支持 • 提供养育、尊重的接触以 及眼神交流；以爱的方式 注视、唱歌、与孩子说话 • 想要有个孩子，有怀孕计划 • 产前建立与孩子的关系 • 使用非暴力的方式分娩 • 医院的护士和住院医师提 供帮助，在孩子出生后的 12小时~24小时里，长期 与孩子进行肌肤接触 **孩子：** • 及时获得情绪和触觉上的 安慰，以帮助孩子治疗与 父母的联结共鸣中断而造 成的发展创伤 • 从父母那里获得无条件的爱 • 从父母那里获得对他的本 质的真实反映和确认

个体的发展阶段和发展过程		
发展阶段和 主要任务	个体发展的基本 过程	为完成个体发展的基本过程 提供的经验
依赖共生 （受孕到出生 后6个月） 联结与依恋	• 学会与父母和其他人情感交流和社交建立健康的技巧 • 与兄弟姐妹和大家庭建立安全的联结	**直系亲属和大家庭的成员**： • 提供一致的、养育的、共情的接触 • 提供舒适和保护的环境，以满足儿童的安全和生存的需要
依赖无能 （6至36个月） 分离与 个性化	**孩子**： • 完成与父母的心理分离过程 • 学会安全地探索他的环境 • 学会以适当的方式信任和调节自己的思想、情感和行为 • 内化适当的物理的和社会的限制 • 发展健康的自恋 • 解决统一性和独立性之间的内在冲突（我很好，你也很好）	**父母**： • 及时地帮助治疗任何干扰共鸣的自恋创伤或发展创伤 • 给孩子安全探索他的环境提供许可和支持；在这段时间里，他们给孩子的"是"的回答为"否"的回答的两倍 • 重新布置环境以提供安全 • 理解并尊重孩子发展内部情感调节的需要，特别是羞耻感 • 帮助孩子识别自己的需要，而不是别人的需要 • 学会直接请求别人满足自己的需求 • 使用非羞耻的方式设置边界和纪律 • 积极支持儿童发展自主自我的努力

个体的发展阶段和发展过程		
发展阶段和 主要任务	个体发展的基本 过程	为完成个体发展的基本过程 提供的经验
依赖无能 （6至36个月） 分离与 个性化	孩子： • 自我的联结 • 继续建立安全的 内部工作模式 • 完成他的个性化 或心理出生过程	成年照顾者： • 当孩子与母亲的共鸣被打断时， 帮助孩子迅速恢复 • 当孩子学会调节自己的情感、思 想、行为时，给予同情和同理 • 为孩子的本质提供真实的镜像 和验证 • 允许孩子成为一个独立的个体， 并信任他内在的冲动
独立 （3至6岁） 掌控自我 与环境	孩子： • 掌握自我照顾技 能 • 掌握成为独立于 父母的功能自主 的个体的过程 • 掌握客体恒常性 • 发展和信任他自 己的核心价值观 和信念 • 与大自然有牢固 的联结经验 • 学会有效的社交 技巧	父母： • 重新安排家庭环境，以支持孩 子掌握自我照顾技能（饮食、 穿衣和如厕训练） • 支持儿童发展有效的内部限制 和结果 • 帮助孩子学会适当地延迟满足 他的需求和需要 • 帮助孩子学会有效地调节和控 制情绪 • 帮助孩子学会信任自己内在的 智慧和引导 • 为儿童探索自然提供安全 • 帮助孩子发展与自然的感官联系 • 与其他儿童进行互惠的社会交往 • 教会孩子人际关系中的转换思 维，包括换位思考和尊重他人

个体的发展阶段和发展过程		
发展阶段和主要任务	个体发展的基本过程	为完成个体发展的基本过程提供的经验
独立 (3至6岁) 掌控自我与环境	**孩子**： • 发展自己/他人安全的内部工作模式 • 与同辈建立安全的联结	**父母**： • 帮助孩子发展解决问题的因果思维能力 **直系亲属和大家庭的成员**： • 提供养育、支持和始终如一的联系 **成人**： • 为冲突的伙伴关系提供解决方案
相互依存 (6至29岁) 合作和谈判	**孩子**： • 学会与他人合作 • 学会与他人谈判以满足自己的需求 • 学会承担对他的个人行为和生活经历的责任 • 与同行和其他成人建立牢固的联结 • 培养社会良知 • 与他的文化建立安全的联结	**父母**： • 在夫妻、家庭和同伴关系中建立有效的合作性社交技能 **孩子**： • 学习谈判技巧，以健康的方式满足他的需要 • 寻求他的解决冲突的方式，尊重有关各方的需要 • 成人确认维持关系的协议的重要性 • 寻求一种成人模式，教会他对他人的同情和共情 • 寻找能够教会他直觉语言和思考能力的成人 • 寻求直系家庭和家族成员的培养、支持和持续的联系

个体的发展阶段和发展过程		
发展阶段和主要任务	个体发展的基本过程	为完成个体发展的基本过程提供的经验
相互依存 （6 至 29 岁） 合作和谈判	**孩子**： • 与地球建立安全的联结 • 像一个真正的成人一样过着他的生活 • 与子女建立联结 • 了解不完全发育过程对他的生活的影响，以及如何成功地治愈发展性创伤	**孩子**： • 寻求父母和其他成人的支持，与其他成人建立可持续的关系以及找到一个重要的爱人 • 寻求如何投身他的文化群体价值观的方法，以及如何克服家庭和文化施加的任何限制的方法 • 在"大家庭"范围内寻求个人的意义和使命 • 寻求信息和技能来治疗他的发展性创伤 • 寻求系统思维和转化思维的帮助 **成人**： • 鼓励内化一种"安全父母"，允许安全的冒险行为

依赖共生阶段

　　这个阶段从受孕开始，持续到出生后的 6 个月。现在我们知道，在这个时期，孩子们必须从父母和其他成人照顾者那里得到很多爱、触摸和眼神交流，以满足他们的需要。孩子们需要以爱的方式进行身体上的抱持、歌唱、抚摸、触碰和交谈。当母亲看着孩子时，必须"反映"他，也就是说，必须看到孩子的本质。当孩子们初次探索世界时，他们的情感需要得到认真的对待和尊重，并得到积极的支持。最重要的是，孩子们需要一个能够与他们同步的成人，以便他们能够学会调节大脑和情绪状态。那些没有充分经历这些发展过程的孩子，往往会成为具有依赖共生行为的成人，试图在成年关系中满足这些需要。

依赖无能阶段

依赖无能发展阶段通常开始于 6 到 7 个月，持续到 3 岁左右。在这段时间里，孩子们开始从身体上和情感上与父母安全、和平地分开，并与周围的世界形成一种爱的关系。孩子们天生对这个世界很好奇，所以，他们在学习爬行和行走的过程中逐渐远离父母。有时，他们在受到伤害或感到害怕时，会迅速返回父母身边寻求安慰和慰藉。在这个重要的发展阶段，当孩子们认识到自己是独立的个体而不是他人的一部分时，他们经历特定的发展过程在父母的帮助下完成。

例如，父母可以为孩子提供安全防护的家庭环境，让孩子们安全探索。在这段探索期间里，父母要对孩子说的"是"应该为"不"的两倍。他们还需要用爱的方式为孩子设置没有羞辱、没有生理或心理上的惩罚的边界。孩子接受了这种一致的情感支持，就会经历心理的出生或自我的诞生，并认识到自己在情感上是与父母分离的。

依赖无能阶段有时被称为"可怕的两岁"，对照顾孩子的成人来说是很吃力的一个阶段。两岁孩子的座右铭是："我自己能做到，我不需要你。"大多数事情都会演变成一场权力的斗争：穿衣，吃饭，基本的安全规则，坐在汽车安全座椅上，小睡一会儿或晚上睡觉等。父母要学会挑选和选择自己的斗争，避免权力的斗争。但是，最具挑战性的事情是，两岁的孩子会在一瞬间改变想法，不断挑战着甚至最完美的父母的耐心。但是，成人自己的分离过程越完整，就越容易应付两岁孩子的矛盾心理。有意识的父母会认识到自己正在被孩子的行为触怒，而不是对孩子生气。

在依赖无能阶段，如果情感支持并不总能得到，或者在此期间有任何情绪、身体或性的虐待或创伤，孩子将不会满足重要的需求且不会成为情感独立的个体。成年后，他们将学会使用依赖无能行为来应对这一切。由于担心受到进一步的伤害或抛弃，他们会表现出坚强和成功的一面，并专注于帮助那些需求似乎更强烈的人。

独立阶段

3岁到6岁之间，孩子们开始自主活动。如果前两个阶段的发展需求获得满足，他们就准备好依赖内部力量——他们在这个世界上可以相信自己的感情和本能的指导。这是一个至关重要的发展过程，能够按时完成此阶段任务的个体，发展速度会比在依赖共生和依赖无能受阻的个体的发展速度快得多。独立阶段是孩子和父母一起回归的时刻。权力的斗争终于结束，和平与合作慢慢回归到他们的关系中。

独立阶段，孩子们开始步入更成熟的亲密形式中，掌握自给自足的技能，并学会与其他孩子自由地玩耍。如果前两个阶段的重要发展过程没有完成，孩子们就很难独立地学习。相反，他们可能会坚持，表现出愤怒和蔑视，或者假装他们是独立的。在后一种情况下，他们开始在自己周围设置围墙来阻止社会化技能的发展。

相互依存阶段

这一阶段，大约从 6 岁开始到 29 岁左右结束，人们逐渐发展出同理心、同情和合作。相互依存是一个非常复杂的发展阶段，因为它需要能够流畅地和有意识地度过前三个阶段。只有当孩子能够清楚地表达他们的需求，并成功地与他人谈判以满足自己的需求时，这种流畅的发展才成为可能。依赖共生阶段的联结需要与依赖无能阶段的分离需要之间的关系是显著的。一个孩子的联结的需要越能得到完整的满足，他就越能有效地完成分离阶段。孩子的联结能力很弱，通常意味着他将不得不限制自身的探索。对于一个成人来说，童年时期的需求没有完全得到满足，独立或情感分离可能会令人恐惧。

在相互依存阶段，孩子们发展出成人生活必需的有效技能。在文化上，大多数人认为一旦离开家庭，孩子就已经自给自足了。我们必须承认这是一种谬论。18 岁到 28 岁之间，孩子们必须建立自己的事业，学会管理自己的收入，租房、找工作、买车买房、抵押贷款，有时还要养育孩子。在这个复杂而富有挑战性的阶段，这些年轻的成年子女仍然需要父母的大力支持，这一阶段通常在30岁左右完成。

依赖无能和依赖共生行为

一个人过早地被虐待或拒绝的父母强迫离开依赖共生的阶段，往往会产生依赖无能行为，迫使他们远离自我。这些人往往把亲密与伤害和痛苦联系起来。结果，他们很难接近其他人并维持亲密关系。他们经常发展出补偿性行为，帮助他们向别人隐藏自己的不足，更重要的是向自己隐藏。他们学会表现出愉快的、勤奋的、成功的男人和女人该有的样子。然而，在内心深处，他们害怕亲密，在他们无法控制局面时会感到不安，无法形成或维持亲密的关系。

人际关系中，往往会产生互补现象。我们的文化中典型的模式是，有依赖共生行为的女性会吸引具有依赖无能行为的男性，尽管这种模式也可以逆转。经常地，没有满足依赖共生需求的女人和没有满足依赖无能需求的男人，有着完美的结合模式。由于这种完美的匹配，一对夫妇常常很难认识到问题的真正原因。此外，对男女传统的社会刻板印象和期望也支持了这种匹配，这使他们更难认识到问题的根源或解决问题。社会分工让男人变得强壮和独立，并期望女人更加感性和依赖。最终，几乎没有任何对伙伴关系的支持，也不鼓励男性和女性都可以坚强或脆弱。

无论是哪种组合，伴侣都会发现，他们特定的依赖无能／依赖共生行为的组合导致了冲突和竞争，而不仅是亲密和合作。这就在两性之间建立了一个激烈竞争的战争环境，其中没有赢家，只有输家。

在两性战争中划分战线

下面的案例说明了具有依赖共生／依赖无能问题的人如何吸引彼此走入一段感情中，以及他们的模式如何相互作用。在一次单身聚会上，蕾妮（Renee）注意到马克（Mark）穿过房间。马克正在和其他几个人交谈，他们似乎在聚精会神地听他说话。在蕾妮看来，马克很有力量、强壮且有安全感。她在等待恰当的时机，然后小心翼翼地走近他。（这种感觉熟悉吗？）

蕾妮：对不起，我正在找女主人。（如果我问他问题，他可能会注意到我。）

马克：我想她刚走进厨房。你好，我叫马克。你叫什么？（她看起来很可爱。）

蕾妮：嗯，我是蕾妮。（他长得真帅。我可能没有机会和他在一起。）你好像认识很多人，我几乎不认识任何人。（也许他会同情我，跟我说话。）

马克：是的，我和这里的很多人做过生意。（她似乎认为我很重要，也许能给她留下深刻印象。）

蕾妮：真的吗？你做什么生意？（也许我可以让他谈论自己，然后他就不会问任何关于我的事了。）

马克：我做股票和债券工作。事实上，我只是跟人们谈他们可能
　　　会感兴趣的投资和股票。（嗯，她好像对我有兴趣，她很
　　　性感。我不能告诉她我快要失业了。我得冷静点，不让她
　　　看到我的紧张不安。）

蕾妮：我对投资那些事了解不多。你是怎么知道这些的？（他似
　　　乎对自己很有把握，我希望我能感到自信。他似乎是一个
　　　会让人兴奋的人。我觉得自己脸上有些发红，希望他没注
　　　意到。）

马克：哦，我做了很多功课。也许有时间，我可以给你讲一下，
　　　给你一些股票建议。我们晚上一起吃饭吧。（如果她真的
　　　对我感兴趣，也许会和我一起出去。我也可以摆脱工作中
　　　的问题，好好休息。）

蕾妮：哎呀，那太好了。我对财务问题一直感到困惑。（他想帮
　　　助我。我一直很孤独和沮丧。我可以利用生命中这个激动
　　　人心的人。）

马克：这周一起吃晚饭怎么样，比如周二晚上？（她看起来很简
　　　单，也许晚饭后她会邀请我到她的住处进一步交谈。）

蕾妮：听起来是个好主意。我想那天晚上我有空。（他一定很喜
　　　欢我，而且很想了解我。）

马克：很好。我大约晚上七点过来。（希望她现在不会退缩，因
　　　为我已经豁出去了。）

蕾妮：这是我的地址和电话。（我得打电话给劳丽，重新安排我

们周二晚上的约会。我不知道他是否结婚了，有没有别的约会对象。）

马克：你住的地方离我住的地方不远。我到那里时，我会鸣笛叫你。（她让我兴奋。也许她会请我进去喝一杯，在离开之前，我们还可以亲热一下。现在，我就已经肯定可以好好跟她做爱了。）

第二天，蕾妮唯一能想到的就是和马克共进晚餐。在工作中，她不能集中精力，犯的错比平时多。马克也有问题。他担心她可能不喜欢他，他可能会无意中流露出他的不安全感。他开始排练台词，使自己看起来自信并能控制一切。然后他想起欺骗蕾妮是多么容易，并期望她的警惕性有所降低。最后，他开始迷恋与她做爱，想着她在床上可能的样子，一天都忘记了工作。

你可以开始看到马克和蕾妮之间的吸引力如何具有对立性。蕾妮看起来软弱、不安、依赖和被动，因为她想寻求一个重要他人帮她构筑自己的生活。同时，马克试图表现出有力、进取、成功、独立和权力的形象，尽管他如此缺乏安全感，有如此多的需要。对立的吸引是一种非常常见的关系模式，它帮人们建立起一种非正常的关系，两个不完整的个体走到一起，形成一个完整的人。这种关系很少能产生真正的亲密关系。最终，被控制的人厌倦了扮演被动者的角色，并想要改变规则。现在，这种模式正在发生变化，因为我们文化中的女性厌倦了被支配，要求更平等的关系。

男人们也看到这些做法不再起作用。

从历史上看，女性似乎在建立关系中承担了大部分的责任，因此，在关系失败时也承担了大部分的责任。然而，随着越来越多的女性宣誓主权和发声，她们能够更清楚地表达心声。她们经常拒绝为失败的关系承担全部责任。这迫使男人们去审视自身的依赖无能问题，这些问题可能是缺乏亲密关系或人际关系失败的原因。越来越多的男性迈出勇敢的第一步，比如进入十二步计划或治疗。不幸的是，这种情况只发生在男人的妻子或伴侣离开他之后，或者威胁要离开他或正处于危机之中时。这使许多男人处于被动地位，使他们更难成长和改变。

我们的理论假设

我们提出以下理论和假设，分析和消除人际关系中依赖无能行为和问题的原因。依赖无能行为并不是一种无望的终身疾病。依赖无能行为是由没有完成联结和分离的基本发展过程引起的。我们已经开发出有效的工具来帮助你识别这些不完整的发展过程。在后面的章节中，我们分享了一些简单易学的矫正性抚育技巧，帮助你在当前的关系中满足这些需要。如果你愿意在身体、情感和精神方面做出必要的努力，你就可以改变强迫性和成瘾性的依赖无能行为。这包括找到问题的根源，并制订有效的方法来满足当前关系中的需求。

依赖无能行为有一定的道理，它们代表正在发生的转变。与其简单地把它们看成是失调的行为模式，不如注意到它们实际上是满足你童年早期未满足的发展性需要的笨拙尝试。这种想法可以防止你产生羞耻和生病的感觉。大多数人更多认识到自己和他人的不正确或不健康的行为，而不是正确的或健康的行为。治疗师可以暗示来访者在某些重要方面有缺陷，以此进行解释和诊断，避免无意中给来访者带来耻辱。

不完全的发展过程在我们的生活中循环发生。每个人都有一种追求完整和完美的天生动力。结果，任何我们没有按时完成的发展过程将继续在我们的关系中重现，并要求完成。我们不断地做某事直到把它做好，这是我们天然的学习方式。如果我们不注意这些过程，它们就会逐步升级，直到我们完成这些事。事实上，有些人会因为身体不适、离婚或辞职而避免处理自己的不完全的发展过程。

由于具有不完整发展过程的人不理解这些过程从何而来，他们会感到羞愧，因为他们不知道如何处理，而是试图隐藏。多次尝试亲密关系失败后，人们停止了尝试，开始过着平静而绝望的孤独生活。

改变这些模式需要学习新技能并达成新的理解。当人们决定改变时，他们需要得到帮助，来确定依赖无能行为的原因。本书中，你将在每一章的结尾处看到书面练习，帮助识别依赖无能行为模式的来源。你可能需要学习技能来帮助你完成生命中循环出现的不完整发展过程。这本书包含许多技能培养的练习，你可以使用它们学会如何识别和改变依赖无能行为。

依赖无能也是一个社会和文化问题。任何像依赖无能一样广泛的心理问题也必然具有社会和文化的根源。在观察依赖无能的主要特征时，我们很容易看到美国的文化不仅支持而且实际上在推动依赖无能行为成为一种健康的、功能性的行为。例如，许多公司要求员工加班，忽略家庭责任以保住工作。

坚强、强硬、控制、支配、自制和坚决独立都是美国梦的英雄神话的一部分。此外，我们的一次性文化认为："如果这个不管用了，就扔掉再换一个新的。"在20世纪70年代和80年代，许多美国人也将这个规则应用于他们的人际关系中。直到艾滋病的威胁迫近以及人们逐渐认识到两代家庭模式的差异，这种发展趋势才缓和下来。因此，人们不再像20世纪70年代和80年代那样创造离婚率的新纪录。现在是时候解决社会和文化对于未满足发展需求的否认，也是时候开始解决依赖无能行为。

重要的是不要评判人们依赖共生的行为方式，而要意识到这些行为标志着我们集体的进化。在第5章中，我们更全面地用一种令人兴奋的方式解释成瘾行为，对这一问题的社会和文化根源及变革所需要的内容提供了一个更广泛的理解。考虑到美国目前存在的社会和文化条件，在这里长大而且没有依赖无能的行为是很困难的。

依赖无能问题需要有系统的恢复方法。这个问题涉及不同层面的关联，也包括社会层面，因为这些问题会在所有的社会制度中表现出来，这表明我们必须广泛地看待依赖无能行为。

个体治疗的一些疗法不适用系统治疗，会受到限制，这就是为什么夫妻、家庭和团体治疗以及支持网络是改变这些行为的必要因素的原因。

消除依赖无能行为是可能的。在成瘾行为领域，一种普遍的看法是人们无法从关系成瘾中恢复过来，我们不赞同这种观点。我们与来访者合作的经验是，那些愿意在物质、情感和精神上努力的人，能够摆脱他们之间的关系成瘾，过上更亲密、更有效率、更有功能的生活。

打破依赖无能模式的资源

在清除你的依赖无能行为模式的过程中，你会发现一些有用的资源。当你使用这些资源时，重要的是要记住，你需要身体、情感和精神上的支持来打破任何不正常的关系模式。真正的支持可以帮助你慢慢降低防御并解决童年的创伤。我们建议你使用以下资源：

读书。类似的咨询书籍将帮助你开始了解依赖无能行为的特征和可能的来源。你可能还想参加关注亲密关系的课程和研讨会，专注于改变你的依赖无能行为模式。

加入互助小组。小组可以帮助你与其他有同样问题的人分享。你会知道你不是唯一一个有依赖无能行为的人，这是令人欣慰的发现。在一个有良好支持的小组里，你会得到情感上的支持和鼓励。然而，请你记住，一些依赖共生匿名小组倾向于把依赖共生行为看作是一种你永远无法恢复的疾病的症状。如果你发现了这种方法的限制，你可以从这些小组中获得你想要的那部分信息，然后把疾病模型留给那些需要它的人。另外，再三比较之后，选择一个适合你的小组。我们发现这些群体提供的情感支持有很大差别。有些非常好，有些并不那么好。

寻求心理治疗。你可能会发现你需要帮助才能解决压制或压抑的感受，心理治疗可能会提供帮助。我们曾经听到心理学家约翰·布雷萧告诉观众："如果你无法在十二步小组中完成你的体验，那么它们就不是为你而设立的。"个人的心理治疗通常是为了帮助人们消除情绪障碍，学会表达压抑的情绪，我们也推荐夫妻、团体或家庭治疗，因为依赖无能问题具有系统性。我们经常和夫妇一起工作，教会他们如何互相帮助。

治疗常常是唯一一个你可以培养技能、理解建立成功关系的需要的地方。我们通常与一对夫妇进行 3 到 6 个疗程的治疗，帮助他们发展技能和理解能力，然后，如果他们证明自己能做到这一点，我们就会鼓励他们独立地进行治疗，看看他们自己的进展。如果陷入困境，他们可以利用我们作为顾问；如果他们被卡住了，也可以回来开展短暂的系列会谈，以更新或提升他们的技能。

加入便捷的治疗小组。特别是那些时间有限的治疗组，也是处理依赖共生和依赖无能问题的好场所。这些团体往往变得非常亲密，成员们感到足够的安全，降低防御。你也会发现，这些团体提供了一些人员反映你自己不熟悉的部分，提供了一个安全的环境以便你尝试新的关系技巧。

在承诺关系中解决问题。一段承诺关系中，双方在危机中都同意不离开或同意不让对方陷入坏人境地。由于依赖无能模式是儿童时期关系创伤的结果，提供安全和可靠的亲密关系是治愈这些创伤的理想场所。你可以和任何人建立一种忠诚的关系：姐妹、母亲、配偶、最好的朋友、孩子、邻居、支持小组成员、治疗师、牧师甚至同事。一旦你有足够的安全感让问题浮出水面，依赖无能的行为模式就会开始出现在你所有的承诺关系中。

自我测试：你对别人的依赖程度如何

使用说明：在每一个描述之前的横线上填上一个数字，以表明该陈述在你生活中的真实程度。

1= 从不　　　2= 偶尔　　　3= 经常　　　4= 几乎总是

_____ 当我无事可做时，会感受到一种挥之不去的焦虑。

_____ 我期待他人、物质或活动让我感觉良好。

_____ 我很难确定我想要什么或需要什么。

_____ 我担心如果太接近伴侣或朋友，我会窒息。

_____ 我很难知道自己内心的真实感受。

_____ 遇到新人时，我会夸大一点我的成绩。

_____ 当伴侣想要亲近我时，我会感到焦虑。

_____ 我担心人们会发现我不是他们认为的样子。

_____ 我要求自己和他人是完美的。

_____ 我工作很长时间，好像工作永远都做不完。

_____ 我不喜欢向别人寻求帮助，即使我需要。

_____ 我喜欢单独工作而不愿与其他人一起工作。

_____ 我觉得被别人对我的期望控制。

_____ 我觉得"正确答案"真的非常重要。

_____ 我怕被别人的需要消耗。

_____ 我在能够控制的结构化的情况下，表现得最好。

_____ 当别人问我的意见时，我会觉得自己很重要。

_____ 我发现很难形成和维持亲密的关系。

_____ 我无法决定我是需要性的接触还是养育的接触。

_____ 我很难放松，身体长期紧绷。

_____ 在社交场合，我喜欢成为人们注意的中心。

_____ 我不喜欢承认错误。

_____ 即使我需要，我也会拒绝别人的帮助。

_____ 每天，我都会产生一些与性有关的想法，这会干扰我的工作。

_____ 我看到自己和他人全是坏的或全是好的。

_____ 与别人比较，我感觉自己比他们更好或更坏。

_____ 别人说我不了解他们的需要和疑虑。

_____ 我喜欢自己一个人，害怕被别人控制。

_____ 当我的成就没有得到认可时，我感到很受伤。

_____ 我否认自己的问题，或对问题的重要性认识不足。

总分：_____

评价：把横线上的数字加起来，计算出你的总分，参考下面的标准做出解释。

102–120 分　依赖无能行为模式得分非常高，说明你的功能水平受到严重影响。

79–101 分　依赖无能行为模式得分很高，说明你的功能水平受到中等影响。

56–78 分　依赖无能行为模式有一些表现，说明你的功能水平很少受到影响。

30–55 分　依赖无能行为模式几乎没有，说明你的功能水平几乎没有受到影响。

总结

· 依赖无能不是疾病，而是不完整的发展过程和未满足的需求的标志。

· 坚持下去，你就可以改变你的依赖无能行为模式，体验你一直想要的爱情和亲密关系。

· 依赖无能是四个发展阶段的第二阶段。如果你被困在这个阶段，你已经体验到了一半的真实自我。

· 你可以通过使用经过验证的工具来认清和改变你的依赖无能行为。

♡ 2 理解发展的依赖无能阶段

哦，当父母认为他们的孩子很天真时，他们会编织一个多么纠结的网啊。

——奥格登·纳什（Ogden Nash）

和大多数人一样，你可能不记得这段时间发生的事情的具体细节，但你可以看看现在的行为，看看它们与过去的事件有什么联系。你的童年经历，连同你当时所需要的信息，可以帮助你确认你在这个时期错过了什么。为了了解成人的依赖无能行为，你必须仔细回顾并研究儿童的依赖无能发展阶段。这个阶段可以划分为几个子阶段，如果孩子们要进入独立和相互依存阶段，就必须顺利通过所有阶段。

个性化：依赖无能阶段的关键任务

个体为了实现个性化，或完成卡尔·荣格提出的心理出生，在生命最初的 6 到 9 个月里，孩子需要与母亲、父亲或其他成年照顾者很好地联结在一起。研究人员和儿童心理学家玛格丽特·马勒对母亲及其婴儿进行了广泛的观察研究，以更好地了解这一发展过程。她发现，抱着孩子给孩子唱歌或说话、反映孩子的本质、耐心地关注孩子的需要、提供养育性的接触，都是牢固的母婴联结的基本要素。她将这种婴儿与母亲之间的正常联结描述为共生。

母亲和孩子都有一种天然的动力，去进入一种深层的情感共鸣状态，这是共生关系的核心。马勒等人的研究发现，共生程度取决于母亲和孩子之间的关系。她发现，两者之间的情感共鸣越强，孩子就越有可能会完成心理上的出生和情感上的分离。马勒认为这发生在 2 到 3 岁之间。

马勒认为，孩子有天生的动力去探索世界和成为一个自主的人，在此动力的推动下完成分离。这些欲望为孩子创造了一个内在的冲突，孩子们也享受着与母亲和父亲整合的舒适和温暖。当一个孩子开始与父母分离时，他与父母之间的关系是至关重要的。如果母亲害怕亲密关系、因父母的压力或父亲缺席而焦虑，那么她就会感到沮丧、疲倦，无法提供情感支持，这将影响到分离过程开始的时间和进展的速度。如果孩子存在这些障碍中的任何一种，那么孩子实际上会延迟分离阶段的起始时间，在进一步冒险之前想要获得更多的联结。

如果这种联结的需要没有完全实现，孩子们最终会在缺失真正需要的内在安全的情况下继续前进，即孩子们没有完成他们的社会和情感发展，身体发育还是会继续向前发展到下一个阶段。一些面临这种困境的婴儿，发展出一种"虚假自我"，并假装自已足够坚强来完成这项任务。他们投射出一种虚假的独立性，其特征是"我很坚强，没有你，我也能做到"。

有些孩子特别早就分离了，尤其是母亲或父亲过于亲密或过于干涉，试图控制孩子生活的方方面面时。这些婴儿甚至可能更喜欢和陌生人在一起，早在 3 个月大时，他们就会坚决反对母亲抱他们。这会引起父母的焦虑。母亲可能会疑惑："为什么这个孩子不再喜欢我了？"出于一位母亲的自尊心，母亲可能会认为孩子试图分离的举动会威胁到她的母亲身份。如果看到孩子不想被抱着或一起玩，父亲可能会更进一步地撤退。在这两种情况下，从联结到分离的过程是很微妙的，不仅需要父母拥有优质信息，而且还必须处理他们自身关于联结和分离的一些未完成的工作。儿童在统一性和分离性之间的斗争为自我的发展开创了道路。

你知道吗……

任何在你早期的发展过程中没有解决的问题，都会在你养育自己的孩子的头两到三年中重现，再次刺痛你的心。随着你的孩子逐渐长大，他们的成长会激发你对自身联结和分离的发展不完整的记忆。这可能会干扰你在这个关键时期为他们提供需要的社会支持和情感支持的能力。这也能让你看到哪些发展过程是你仍然需要完成的，然后你可以开始着手完成这个过程。这就是所谓的"退行性进展"，我们会在后面的章节中更充分地讨论这一点。

分离过程的四个阶段

马勒和另一位发展心理学家斯蒂芬·约翰逊发现，如果孩子能依靠他的努力成功地驾驭了分离过程的四个不同阶段，统一性和分离性之间的内在冲突是可以被解决的。认真观察每个阶段，可以帮你更好地了解你可能有哪些需求没有得到满足，以及你成年后被困在依赖无能阶段或分离阶段的原因。如果你能在这个过程中确定所有阶段未满足的特定发展需求，那么现在你就可以更轻松地找到方法来满足它们。

以下对依赖无能发展阶段的描述，解释了每个阶段必须完成的一些重要的发展过程。对于每一个发展过程，都有一系列的发展需要。本章结尾处的题为"遗漏和履行的'罪过'"的写作练习，将帮你确定依赖共生和依赖无能的发展阶段中具体的未满足的需求。

当你阅读下面关于分离过程的四个阶段的描述时，问问自己："凭借我对父母的了解，他们在每个发展阶段都是如何对待我的？"这可能会帮你真正记住发生在你身上的事情、你可能缺失但真实需要的东西，或者你可能获得但不需要的东西。

早期探索阶段（6 至 9 个月）

在早期探索阶段，你意识到你与父母和其他照顾者经历了一个同一的外部世界。起初，你被抱着或轻拍着，从母亲的膝上或父亲的肩头看这个世界。你看到你妈妈笑了，你就也笑了。模仿——观察和实践——帮助你学习新的反应。同时，你开始留意到陌生人，并可能对焦虑有所反应。

然而，如果母亲和父亲与你的关系是牢固的、支持的和养育性的，你最终会对陌生人产生更多的好奇，而且不再害怕他们。如果你们的关系很脆弱，或者你还没有准备好分离，那么你的焦虑可能会更强烈，当陌生人走近你时，你可能早已紧紧抱住父母。在早期探索阶段，当父母不在你的视野范围内时，你就无法保持父亲或母亲的形象。你可能会设法让母亲或父亲永远处于你的视野中，以应对你对失去他们的恐惧。最终你能想象到，父母即使不在身边，他们也和你在一起。起初，你只能在短时间里维持这种状态，但是你逐渐学会忍受更长时间的身体上的分离。

如果你的母亲是可靠的、养育的、温暖的、安全的，那么即使她不在你身边，你也还能够记住这些体验。母亲对你来说是可预测的和可靠的，她就可以支持你发展这些品质。例如，当她不得不离开时，她会事先告诉你，会把你交给保姆或父亲照顾。她知道摧毁你新建立起来的信心的最快方法是，在你看不见她时偷偷溜走。同时，她也知道，在你很小时候的长时间缺席会让你感到被遗弃。

在早期的探险阶段，你在一天中多次来回，以确认你和父亲或母亲的关系仍然完好。你也可能得到一个触摸、一个慈爱的微笑、一次简短的依偎、一瓶奶或一次被放在母亲的膝盖上照看的机会。然而，每一次，你都被诱惑着去探索周围的世界，因为你探索外部世界的动力每天都在增强。

父亲知道他的角色任务是和你一起玩，抱着你，帮助你离开母亲。很快，你就知道父亲不是母亲的一部分，而是一个独立的个体。你看到了这些不同和相似之处，母亲让你知道她信任你的父亲，这也帮助你信任父亲。如果母亲想让你远离父亲，你可能会选择相信母亲而恐惧父亲。你还需要其他亲戚朋友的联结。再一次，你学会信任父母信任的人。

这一阶段的发展任务之一是为你的母亲、父亲或其他照顾者培养一种特殊的、认可性的微笑。这段时间里，你也应该学会区分父母和陌生人。如果你和母亲的关系稳固，你可能会对陌生人表现出更多好奇心。如果关系没有那么稳固，你可能会因陌生人感到焦虑和痛苦，尤其是你大约 8 个月大时。

全面探索阶段（10 至 15 个月）

在这个依赖无能的阶段，你开始走路，冒险走出更远的距离。学会走路是在庆祝你掌握世界的能力。这种技巧会引导你发展出一种"对世界的爱"、分离和探索，再加上偶尔回到母亲腿上或膝上的安慰和慰藉，几乎成了你的全部任务。

长出了牙和说出太多的"不要"可能已经在减慢你的发展速度，但对新发现的欣喜可能会分散你的注意力。在这个阶段结束时，分离性和统一性的天然动力正在高速运转，母亲不在身边的时候，你可能有一些过渡性的物体，如一个泰迪熊、娃娃或一条毯子来取代母亲。无论走到哪里，你都可能带着这些舒适的物品。最终，当你能够建立一个内在的母亲形象时，你抛弃了这些物品，你可以用它来安慰或慰藉自己。

在这段时间里，你喜欢移动的快感。在这个广阔的舞台上，你发现你可以探索家里的大片区域，每天都会发现各种新事物。你的兴奋常常达到一种欣快的状态，导致你常常忘记亲近甚至进食的需要，除非发生可怕的事情。因为你的母亲看起来那么高大，那么坚强，你把她看作是无所不能的。因为你没有和她分开，所以你常常觉得自己无所不能，能做大事，也有能力处理一切阻碍你的事情。生活对你来说似乎有无限可能。

> 学会走路是在庆祝你对世界的掌控，这项技能将引导你发展"对世界的爱"。

这一阶段的发展过程包括了解母亲的存在、精力、耐心、时间和资源是有限的。因为你需要逐渐了解她的局限性，所以她会逐渐给你一些限制，当她不得不把你交给另一个和你有关系的看护人时，只要你能忍受，她就会离开。起初，离开只是几分钟的事。但是随着年龄的增长，这个离开过程扩展到了几个小时。她确信，当她离开时，会有一个可靠的人来照顾你，如果你对她的缺席感到不满，她会支持你的情感。她还帮助你学习照顾自己的需要的方法，让你在她缺席的时候自给自足。她为你提供过渡性的物品，如柔软的动物玩偶，来安慰你，这样你可以在她不在的时候照顾好自己。她知道这就是你在自己内心培育"养育型父母"的方式。

这一阶段的其他发展过程还包括学习到母亲的缺席不是个人化的行为，她是一个独立的人，有自己的需要和兴趣。当你不能让事情一直按你的方式发展时，她或其他照顾者会帮你表达沮丧的情绪。你还需要一个稳定的成人来监督你的探险，以确保你是安全的。当你在两种看似相反的恐惧中挣扎时，他们帮你处理你对分离（被抛弃）或统一（被吞没）的恐惧。

在审视成瘾行为时，我们看到酒精、毒品、香烟、性和食物可能会成为过渡性的物品，给人一种舒适和安心的感觉，超过了一个可靠的母亲可以为孩子提供的一切。当世界上没有足够的爱或支持时，恐惧和焦虑会变得庞大。消除成瘾行为的第一步是哀悼失去可靠的母亲，并认识到替代品只能在短时间内取代你与母亲的联系。

依赖感是不会被打破的，除非你感受到失去可靠的母亲的悲伤，并接受"母亲并非总是可靠的"这一观念。但有些人有时可以提供养育的爱和安慰，如果你愿意向他们提出你想要什么或需要什么。其他时候，你可能要学会独自体会自己的感受，用内在的养育型母亲来安慰自己。有些男人很难区分性和爱，不知道为什么他们在性生活后仍然会感到空虚。

早期分离阶段（16 至 24 个月）

在这个阶段开始时，你意识到自己完全脱离了母亲。当你第一次认识这一点时，你可能会感到害怕，并回到母亲的怀抱。这看起来好像可以追溯到一个较早的发展阶段，但即使你得到了你想要的舒适，也可能是短暂的。再一次，与生俱来的分离动力接管了你的生活，你返回去探索和掌控你的世界。

你的母亲和父亲不断鼓励你努力在这个阶段完成分离，同时在你需要的时候给予你支持和帮助。当你无法掌控某些任务或父母给你施加限制时，你可能会感到愤怒和沮丧。父母接受了这种愤怒和失望，用充满同情的方式回应。他们可能会担心，如果他们原谅了你爆发愤怒和沮丧情绪，就会在无意中鼓励你在未来发脾气。这是不正确的。你真正需要的是一个温暖的拥抱和一些你仍然被爱着的确认，羞辱或惩罚只会使你进入你需要释放的紧张的循环中。他们一再确保帮助你发展自我、被爱和被接受的感觉，以及与你的感受保持联系的能力。

这个阶段的另一个重要部分是所谓的"分裂"现象，有些时候，你完成了一项任务或者回到了母亲身边，你得到了一个温暖的、乐于接受的团聚。此时，你会体验到妈妈是"好的"，一切都是那么美好。然而，有时你无法完成一项任务，或者你需要母亲温暖的拥抱时，她却在忙着做饭或打电话。这些时候，你把她当作"坏妈妈"来对待，这种感受被扩展到所有事情上。当母亲在你身边时，就是"好妈妈"；或母亲不在身边时，就是"坏妈妈"。当你经历了这两种情况，你应对"好""坏"妈妈的冲突的解决方法也就逐渐产生了：你的母亲有好坏之分，尽管如此，她基本上还是个好妈妈。你身上有好的一面，也有坏的一面，两种属性可以同时存在。你和母亲是两个独立的个体，两个都还不错的个体。

如果你在这个阶段没有解决"好"与"坏"的分裂，你将继续看到你自己、他人及世界里的所有情况分裂为好与坏、黑与白、正确与错误。如果作为一个成人，你只能想到两种解决办法（非此即彼），往往采用黑白思维，你就还没有完成分裂的发展阶段。

问题解决：如何避免陷入进退两难的困境

如果你只能想出两种解决问题或冲突的方案（"非此即彼"），那么你就会陷入两难的困境。你要迫使自己在"两种极端"之外找到第三种解决方法，这是一种"既/又"的思维方式，可以帮助你摆脱困境，大大提升解决问题的能力。

这个阶段的发展过程包括学习如何解决你想要分离和亲近的内心冲突。你必须接受这样一个事实：父母不是"神"，也不是完美的人。因为你正变得独立，你也不得不接受自己的人性。在这个阶段，你学到了自己天生全能、伟大、权力和欣快的自恋感的限制。

如果没有成功地完成这些过程，你很可能会陷入这个发展阶段中，为你自己创造一个分裂成好、坏，全、无，总是、从不的极端现实。你也可以保持你的全能、伟大、权力和自恋的情感、兴奋感。作为一个成人，这些行为可以通过操纵、骄傲、自我中心、沉溺于活动和物质来帮你保持快乐。如果这一切都失败了，你拒绝接受限制时，愤怒就会发作。

这是完成心理出生的过程中最关键的一点。在这段时间里，你要做出一个决定，要么与母亲分离，要么继续依赖。如果你选择回归到统一性的安全中，你就发展了更多依赖他人的行为，让你更愿意依赖别人，以感到安全、满足需要。

如果你曾多次经历情感、身体或性的虐待、被忽视或遭受重复性的发展性创伤，你可能会认为统一性和亲密性是不安全的和可怕的。出于保护自己的需要，你可能过早地选择了从父母那里分离出来，并发展出更多与之相关的依赖共生行为。例如，你学会了隔离脆弱感、恐惧感以及对亲密的需求，让别人远离你和 / 或向人们展示你多么不需要他们。你开始创造一个虚假的自我，帮助你看起来能干和坚强。你也发展了一种夸大的幻觉，这样你就不会让任何人看到你的脆弱和创伤。如果在这个阶段发生这种情况，你可能会陷入儿童发展的困境中。

完全分离阶段（25 至 36 个月）

如果你有爱你的父母，他们支持你情感分离的需要，那么你在 3 岁的时候就开始形成初步的分离和认同。个体将自己看作一个客体对象，与他人分离的能力被称为"客体恒常性"。你在 3 岁时具有足够的客体恒常性，才能在这个世界上成为一个独立的有安全感的人，除非你已经建立了足够的好母亲和好自己的体验。你遇到威胁自我意识的新问题和危机时，努力在你的一生中一直保持客体恒常性。我们不断调节重回天堂的渴望，以及成为独立自主的个体的统一性的渴望。在2岁到3岁之间，解决这一问题涉及一系列复杂的发展过程。

你知道吗……

父亲的角色对于培养强烈的自我意识至关重要。如果你和父亲相处得很好，母亲不在身边时，他对你的感情会让你和母亲的分离变得更容易一些。在你3岁之前，如果父亲持续在身体和精神上缺席，那么你与母亲的分离会更加困难。父亲作为家长的存在和积极参与，对于一个男孩来说更加重要，因为男孩只有与其他人分离，才能培养出一个健康的男性自我形象。你认为父亲在你生命中的这个时候是否为你提供了身体和感情上的陪伴？

当你接触感情上陪伴的父亲并抱怨无法陪伴的母亲时，他需要知道如何有效地回应。如果他视你的抱怨作为一种宣泄的机会，抱怨妻子总是不在身边时，你可能已经学会了贬低女性和高估男性。当妻子因照顾孩子的需要而忽视丈夫的需要时，父亲常常感到被抛弃。如果父亲站在母亲的一边，批评你抱怨母亲，你就知道没有得到情感上的支持，这能帮助你和母亲分离。如果这些事情反复发生，你可能已经感到了背叛和失败。父亲需要做的是支持你的感情，不同意或不支持你对你母亲的"坏妈妈"的定义。

（"我看到妈妈离开时，你真的很难过，在她回来之前，我都陪你玩。"）这种反应不会责怪任何人，还承认了自己的感受，对于从未学会表达感情的人来说，这可能会很困难。

有些父亲发现自己处于母亲和孩子之间激烈的分离斗争中，他们感到害怕和无助。他们找借口加班、出轨，甚至完全逃离这段关系。如果没有父亲或其他照顾者的帮助，在 2 岁到 3 岁之间完成心理出生是很困难的。

那么单亲家庭呢？没有人研究过其他照顾孩子的看护人，如保姆或祖父母是否能填补父亲的角色。然而，如果这个照顾者是一位女性，一个男孩很难认同母亲，之后也会造成性别认同障碍，这一领域当然需要更多的研究和探讨。

> 你不能把别人看成是"坏的"，然后通过这样的方式与他人产生情感分离。

在本章的最后，完成题为"遗漏和履行的'罪过'"写作练习，你也可以在第 4 章结尾处的"如何识别不完整的发展过程"中检查你的认识活动。

你可以从依赖无能发展阶段的四个阶段的描述中看到，个性化是一系列复杂的过程。成功度过这一阶段，需要父母接受一定的教育并充分完成心理出生过程，他们可以通过自身的经历来指导和支持孩子。由于大多数父母在成为父母之前都没有被传授这些技能，所以他们通常没有达到这个目标，因此需要孩子在以后的生活中完成这一过程。

> 两件重要的事需要强调：父母会尽其所能做到最好；我们的发展性理论可以让父母用来养育自己的小孩，同时重现他们养育自己的过程。

现在，人类物种第一次进化到可能创造出功能性的家庭，可以培养出能够体验情感亲密关系的健康儿童。这本书给你的信息和技能，会使这种情况发生在你的生活中。

健康的自恋的发展

作为一个孩子，你需要别人看到你的真实样子，你也需要表达你的感受并得到认真对待，你需要让父母尊重你的感受和需要。这些都是正常的自恋需要。如果这些需要在依赖共生和依赖无能阶段得到充分的满足，你就可能拥有健康的自尊。当你凝视着自己的脸庞时，你能从母亲对你的本质的反映中，找到一种本源的方法，满足你在依赖共生阶段的自恋需要。

这就是婴儿了解他们真正的样子的方法。如果母亲以一种特定的方式反映出她对你的期望，也许是为了照顾她未满足的自恋需要，这可能会扭曲或歪曲你的自我形象。你可能一直和她融合在一起，以便得到爱和关心。母亲必须能够与他人，而不是与孩子，一起满足自己的需求。在这个联结的阶段，孩子们能够正确反映自己的需求，会发展出健康的自恋，最终长大成人。一旦他们建立起强烈的自我意识，他们将成为真正的人道主义者，能够为别人服务且不会失去自我。这对完成依赖无能的探索阶段至关重要。

爱丽丝·米勒列举了父母可以帮助孩子培养健康自恋的方式。你在阅读下栏内容时，问问你自己："我能想象我还是个孩子的时候，父母对我做这些事情吗？"

有了父母的这种支持，孩子们就会产生一种健康的自恋感，在没有未满足的自恋需求的情况下成长起来。世界上唯一真正无私、真诚的人，是那些在这个发展阶段里能够满足健康的自恋需要的人。如果你没有得到这样的支持，很可能会有"自恋创伤"，在周围建立起防御，以防止任何进一步的伤害。爱丽丝·米勒描述了那些在童年时期就满足自恋需求的人："受到尊重的孩子会学会尊重。被照顾的孩子会学会照顾比自己弱小的人。被爱的孩子会学会包容。在这样的环境中，他们会发展自己的理想，即使这些理想对他人来说不算什么，因为他们在爱的体验中长大。"

当我还是个孩子的时候，我需要父母对我做什么？

- 对我任何攻击性的冲动做出冷静和安慰的反应；

- 支持我做出独立自主的尝试，而不是受到他们的威胁；

- 允许我体验和表达自然的感受和冲动，例如愤怒、恐惧、嫉妒和蔑视；

- 允许我在每个发展阶段安全地发展和追随天然的好奇心，而不是过度地保护我，或要求我做什么来取悦他们；

- 当我需要他们的时候，他们身体上和精神上都与我在一起；

- 允许我表达冲突或矛盾的情绪，并认真对待和尊重这些感受；

- 把我看作是独立于他们的人，有自己的需要、愿望、恐惧、梦想和成就。

心理的出生

如果儿童的发展需求通过关爱、自信、有意识和心理健全的父母得到了表达和满足，那么孩子就会在 2 到 3 岁之间成功地解决统一性和分离性的矛盾性驱力。

> **你知道吗……**
>
> 心理的出生是一个人要完成的最重要的发展过程。如果人们要听从自己内心的声音，完成这一点至关重要。最有可能的是，全世界只有不到 1% 的人完成了这一重要的里程碑事件。

如果父母不能帮你成功地完成这一阶段，你就必须发展出一个虚假的自我，使你看起来强壮而独立。你希望这个虚假的自我比真正的自己更受他们的喜欢，这将有助于你在家庭中生存。作为一个成人，你可能保留了虚假自我的一面，现在它们妨碍了你成年关系中的亲密。

有依赖共生行为的人通常会发展出一个脆弱的虚假自我，看起来像是一个软弱无助的人，而有依赖无能行为的人一般都有一个膨胀的虚假自我。那些具有依赖共生行为的人更容易抑郁，而那些具有依赖无能行为的人更倾向于夸张地避免沮丧。为了完成成年后的心理出生，你必须掌控两种看似对立的力量之间的内在斗争：一种力量是走向统一和亲近的自然驱力，另一种同样强大的成为一个情感分离、自我决定的个体的自然驱力。

如果你还没有完成心理出生，朝向统一的驱力就会产生强烈的被吞噬或被消耗的感觉。这种经验会带给你死亡和肢解的感觉。分离的反向驱力可以产生对鼓励、孤独和抛弃的强烈的生存恐惧。

要驾驭这些紧张的体验需要精神上的勇气。荣格说，在个人能够完成个体化之前，这样的经历是必要的。荣格认为这是一个心理和精神的过程，只有在中年或以后才能完成。他说，人们有必要超越传统的智慧来发现"灵知"或让人类获得自由的知识。荣格还认识到，如果人类过分依赖外部世界的束缚，就无法实现自己的潜能。诺斯底主义（Gnostic）的世界观认为，人们需要"在世界上，而不是成为世界"，才能获得自由。他敦促人们在自己内部而不是在既定的宗教中寻找他们的精神真理。他说，精神再生是成人完成个性化过程的必要前提。

在这两种情况下，通过了解童年发生的事情、发展新的人际关系技巧，你就能完成心理出生。你可能会问："我怎么知道我是否完成了？"你会敏锐地感觉到你是谁，并且在对自己和他人都感到满意的同时，在最小的压力下应对生活中的挑战和冲突。你将能够在大多数生活挑战中保持客体恒常性。如果你愿意，你将能够既亲密又亲近，既分离又独立，只有心理上和精神上做好准备的人才能成功完成这一发展过程。你将在本书之后的内容中找到更多如何在心理和精神上为这项工作做好准备的信息。

认识活动：遗漏和履行的"罪过"

这个练习包括两个列表，可以帮助你发现从哪里开始寻找依赖无能的行为模式。取一张大纸，把它分成两半，一部分放在上面，另一部分放在下面。在上面部分中，列出你希望父母对你说的话或做的事，这些在成长过程中并没有发生。（例如："我希望他们告诉我，他们爱我。"或者"我希望他们给我开生日派对。"）在下面的部分，列出你不希望父母对你说的话或做的事，这些事实上已经发生并且给你带来了伤害。（例如，"我希望我高中怀孕时，他们没有羞辱我。"或者"我希望他们没有用打骂的方式惩罚我。"）

按照你喜欢的样子列出你的清单。如果你有可以替代父母的监护人作为你童年时期的照顾者，如兄弟姐妹、祖父母、老师或其他重要的成人，都可以在你的清单范围内。

这些清单意味着什么？上半部分是遗漏的"罪过"，从依赖共生阶段识别出不完全的发展过程。这些都会留下终生的依赖共生的行为模式，是你儿时至今一直在等待的东西：完美的父母，公主或者穿着闪亮盔甲的骑士，一个能读懂你的心思且不用询问就能知道你需要的人。学习如何完成列表中的项目所代表的不完整的发展过程，这样你就能在当下的生活中满足这些需要，从而掌控这些过程的发展。你要学习的最重要的技能是直接请求他人满足你的需求。

下面的清单是履行的"罪过"，指出了促使你创建成年期间依赖无能行为的不完善的发展过程。这些项目暗示了你内心的孩子仍然在害怕的事情，以及过去那些包含侵略性和伤害的行为，导致你现在逃避亲密。学习完成列表中不完整的发展过程，包括释放与这些早期经历相关的未表达的感受，并原谅（宽容）你不再想要或需要的东西。

我们在本书中描述的方法告诉你如何完成童年发展过程中尚未完成的内容。一般来说，你在这两个清单上列举的经验也与你未满足的发展需求有关。这两个列表可以帮助你快速确定童年中有哪些发展过程没有完成，哪些发展的需求没有得到满足。了解这些可以帮助你在当前的人际关系中完成这些过程，并满足你的需求。

总结

- 在 2 岁或 3 岁左右完成心理的出生，对于发展相互依存关系和建立人本主义认识至关重要。
- 儿童早期的发展创伤和其他虐待或忽视，妨碍了这一重要里程碑事件的完成。
- 父亲在成功完成个性化的过程中起着关键作用。
- 一旦你清除了阻碍这个重要过程的童年事件，完成这个重要的过程就不会太迟。
- 在抚养孩子的同时，人们重新体验自己的成长。

♡ 3　陷入依赖无能

人类的自由是受到谴责的，因为一旦投身到这个世界，他们就要为所做的一切负责。

——让-保罗·萨特 (Jean - Paul Sartre)

在生命的头一年或两年里，几乎总会有一系列的事件或核心创伤，妨碍了发展过程。这些事件可能是出生时难产，孩子或母亲的早期疾病，另一个孩子的出生，或其他意想不到的事件，导致母亲和婴儿之间的联结过程断裂。此外，还有其他的日常事件，往往会导致母亲与孩子情感或身体上的分离。

核心创伤如何影响婴儿的发育

发展性创伤的性质和时机变得至关重要，因为它们常常决定了一个人的生活是如何开展的，这些创伤的动态特征，伴随着情感、记忆以及对它们的感知，形成了一种不安的关系和逃离亲密的模式。除非这些早期创伤被识别和治愈，否则它们将在个人的一生中持续循环。

发展过程中发生的创伤，决定了你将会发展的一系列症状。如果它们发生在 9 个月之前，你可能会发展成一个具有更多的依赖共生行为的成人。如果它们只发生在 10 到 36 个月之间，你很可能会发展出依赖无能行为并将其带入成年期。如果它们发生在出生到 36 个月之间的整个过程中，那么你在成年后可能会同时表现出依赖共生行为和依赖无能行为。

识别你的发展创伤

许多人幻想母亲子宫里的生活是天堂——简单、单纯、和平、和谐——而且一切都不用付出努力。然而，我们现在知道这可能不是真的。当你在你母亲体内的时候，发生的事情以特定的方式给你留下印记。

因为荷尔蒙和其他物质通过胎盘传递，孕期的胎儿与母亲有着相同的经历。如果母亲的多巴胺和其他脑内化学物质水平较低，这些物质与抑郁症有关，那么胎儿也会如此。如果她喝酒、抽烟或者情绪紧张，胎儿会有同样的生理体验。出于这个原因，许多产前心理学家鼓励母亲保持降低压力、听舒缓的音乐，并创造欢乐的体验，所有这些都会产生多巴胺和其他提升情绪的脑内化学物质。这些经历形成了你神经系统和大脑结构的生化基础，这两者会让你体验现实的生活。

然后是你的出生过程。出生本身就是一段创伤性的经历。你沿着产道缓慢地前进了几个小时，经历了让身体（尤其是你的脑袋）承受巨大压力的宫缩。如果你是通过剖腹产出生的，你可能经历迅速被驱逐出天堂的创伤。如果母亲在分娩时服用了药物，或出生时医生对你使用了镊子，或者难产，你可能会经历更严重的创伤。诞生的过程是一个突然的变化，如果孕育的过程中父母能与你协调，在你分娩的过程中能与你沟通，那么这种变化会变得更容易些。

如果分娩过程很顺利，你出生在一个灯光柔和、音乐舒缓的温馨气氛里，如果你立即躺在妈妈的肚子上，如果你的脐带在它停止跳动之后才被剪断，如果你在出生后不久就得到护理，如果你被放在温水里进行温柔的按摩以治疗任何分娩的创伤，如果你持续地与母亲在一起，与她只有短暂的分离，那么你生命中最初几分钟是一个关键期，在此期间，你可以很快与你母亲建立联系。

但是，如果你的出生过程很艰难，如果你出生在一个寒冷且灯光刺眼的无菌病房里，被头朝下拍打屁股，被一根冷冰冰的尺子衡量，用刺激的化学药品清洗眼睛，被紧紧地包裹在衣服里隔绝了别人的触觉接触，急忙被送到远离母亲的病房里接受几个小时的护理，那么你可能经历了天堂状态的创伤性破坏，留下更严重的分娩创伤。

> 新生儿能看到、能听到、能感觉到，因此能敏锐地感觉到周围发生的一切。

在生命早期的几个星期和几个月里，出生创伤或孩子和母亲之间的任何破裂都会破坏发育的微妙过程。如果你在出生之中或出生之后遭遇了意外的抛弃和 / 或虐待，在 3 年时间里，留你与陌生的照顾者在一起，那么你成年之后，可能会有很多这个时期未完成的严重问题。

在过去的几十年里，婴儿出生的时候不再用药，会在一个高度敏感的状态下出生。由于人类对此的忽视，新生儿可能被视为一个未成形的黏土块。人们在没有麻醉的情况下对新生儿进行手术和包皮环切术，或将针头扎进婴儿体内进行测试。婴儿被孤立在保温箱和托儿所里，已经更是司空见惯的事。直到最近，父母都还认为在生命的头两三年内，将婴儿交给护士、保姆、奶奶照顾是没问题的，他们以为孩子还不懂不同照顾者的差异。我们与来访者的合作表明，孩子们记住了所有的事情，而且在他们的生命中，深受这些待遇所带来的创伤的影响。

维奥莱特（Violato）和罗素（Russell）对加拿大公开发表的 88 篇关于非母亲养育对婴幼儿发育影响的文章进行元分析，发现母亲每周缺席超过 20 小时会严重影响婴幼儿的社会情感和社会行为的发展，以及亲子依恋。勒罗（Lero）和同事们发现，加拿大大约 70% 的 6 岁以下孩子的母亲有全职工作。在美国，这个数字大约是 75%，这种无意的忽视严重影响了联邦和州政府对儿童养育工作的支持。

孩子在 10 到 25 个月之间经历身体或情绪的遗弃，尤其会受到伤害，并阻碍其发展，留下许多依赖共生和依赖无能行为。这个阶段停滞不前的孩子，长大后会看到这个世界被分裂成善恶两极，看待问题时也会认为有非此即彼的解决方案。折中的解决方案不会成为他们解决问题的首选项。

为了补偿这种分裂，一系列功能失调的复杂的适应性行为模式逐渐浮现出来。例如，当某人离开时，即使在很短的时间内，强烈的焦虑和抛弃的恐惧也会浮现出来。许多成人发现自己开始与短期出差办公的爱人争斗。

核心创伤如何成为一种生活方式

联结过程何时及如何被中断是至关重要的。当联结中断发生时，孩子的世界就好像停止了，就像录像机里的带子暂停了一样，一切都冻结了。如果这些事情发生在你身上，你可能会评估情形，并将其认定为个人的现实。在这些冻结的时刻，一个孩子创造了他的核心信念、价值观、假设和对生活在这个世界的期望，以及生活将带来什么样的体验，这些经历深深地烙印在孩子身上，帮助他塑造大脑和现实。

当我们与来访者合作寻找他们童年早期创伤的来源时，我们开始将人们的生活比作一层层的洋葱。洋葱的中心是核心的创伤性分娩前或分娩中的经验。这些创伤经验被存储为一种信念（"我一定有什么问题"）、价值观（"人们伤害我也没关系，因为我不重要、没价值"）、假设（"成人都会伤害你，他们是不可信任的")或是期望（"在生活中，开启新事物对我来说是困难和痛苦的"）。这些信念、价值观、假设和期望形成一个矩阵或内部工作模式，塑造你对你的生活经历的看法。

有时，在你出生之前，复杂的家庭状态就已经在帮助你制造创伤。也许父母之间有很多冲突，你担心他们的感情会不会长久。在这一点上，他们有三种选择：他们可以通过处理冲突（很少有人有能力这样做）拉近距离；远离冲突或者（更常见的是）决定生个孩子。孩子们常常被设想为父母之间的冲突的缓冲剂。

如果你出生在这种家庭情况下，你可能已经在无意间与父母达成协议，要么成为他们未表达的情感的容器，要么扮演和事佬的角色。离开你的家庭进入成人生活后，你会不知不觉地被那些可以帮助你重现儿童早期发展创伤的人吸引。家庭剧本经常是这样的：

在这里，你充当了维系父母关系的支点。你也可能成为父母冲突的对象，这样他们就不必互相生气，或者你也可以作为父母中的一方或双方的替代性对象，来满足他们在彼此关系中没有实现的需要。

生活模式如何成为一个自我实现的预言

最终，这些创伤会形成一种内部的工作模式和生活模式，你可以在许多变化的情景中将其重演。每次重现创伤，都以同样的方式结束：它证实了你早期的信念、价值观、假设和期望，并在洋葱心周围又增加了一层。随着每一新层的增加，基于原始创伤的人生戏剧也会吸引新的演员的加入。"创伤戏剧"常常成为一种自我实现的预言或模式。

你也可以利用这些人来帮助你识别和清理早期的创伤，这样你就可以成为一个完整的人。举个例子，如果医生在接生你的时候使用了产钳，那么你可能吸引身边虐待你的人，或者像医生那样对你进行身体虐待的人。如果母亲在分娩过程中使用了麻醉，你可能会吸毒成瘾；如果母亲在你小时候死亡或者被杀，你可能会发现自己正处于一段亲密关系，先是变得亲近，然后在身体上或情感上被抛弃；如果没有人在参演你的戏剧部分中担任"重要演员"，那么你需要在内心中扮演所有的角色。当你没有达到自己的期望时，你可能会迫害自己，然后以此为借口酗酒，第二天因宿醉而难受。你在不知不觉中上演了这出戏剧，然后在角色之间切换，直到完成重演，最终你以受害者的角色收尾。

你可能会发现生活过得太美好太舒服，你就会开始预测坏事一定会发生（你出生的时候就发生了这样的事情）。当你觉得一切太过顺利的时候，就会期待坏事的发生，这也是生活戏剧的一部分。结果，大多数人会无意之间对自己能拥有多少幸福设定一个配额。

如果生活变得太过甜蜜和舒适，或者你接受美好事物的能力大大延伸时，你可能会不知不觉地阻碍美好的事物进入你的生活。

隐性心理契约的作用

你经历原始创伤的时刻，也是你与父母无意之间达成心理契约的时刻。创伤性事件通常是父母之间或兄弟姐妹之间危机的结果。如果你是家里的老大或年长一些的孩子，你的创伤可能与下一个弟弟妹妹的出生有关。父母，尤其是母亲在生下弟弟或妹妹时，可能不得不离开几天或一周。你是否感到被抛弃，取决于家人如何处理这件事情。或者，如果你因为家庭危机而被留在亲戚身边，你可能经历了一次抛弃引发的一种生存恐惧。出于这种恐惧，作为自我保护的一种方式，你可能会和父母建立一种不健康的心理协议，比如："如果我把你的需要置于自己的需要之前，你会不会同意不抛弃我。"

你可能无意中同意照顾父母一方或双方。（"我会尽力让父母在一起，这样我就不会被抛弃。"）这需要你履行一些父母为维持家庭平衡而施加在你身上的行为上的期望。你在不自觉地同意这些和其他类似的期望时，可能已经放弃了真实自我的重要方面。我们发现这种心理协议在合作的来访者中很常见。我们还发现，人们也会在其他害怕被遗弃或被虐待的关系中表现出原始的心理协议。

心理契约从来没有被人们意识到，也从未被提及。我们在来访者中发现的一些最常见的亲子心理协议是："如果你同意关注我，我会照顾你的感受并对其负责。""如果你同意我在这个家里生活，我会接受你的虐待。"公开承认这样的协议绝对是禁忌。大多数人没有意识到他们在婴儿时达成的这种协议，直到成人，他们需要开始完成与父母分离过程所需的事情，这些在第10章中有介绍。

当你在洋葱上添加了一层又一层，吸引了新的演员进入你的生活戏剧，你也找到了有望帮助你摆脱它的人。例如，一个男孩不自觉地同意照顾母亲的情感，保持安静和被动的状态，而不是威胁父亲的男子气概，可能会选择的伴侣是一个希望别人对她的感情负责且在生活中不是那么成功的人。一旦一个人认识到他最初的创伤戏剧中存在的心理协议，就有可能在洋葱的每一层中找到同样的协议。我们的来访者这样做时，他们经常看到整个生命在他们眼前闪过，实际上可以追溯到婴儿时期的叠加模式，因为这样的协议在所有的关系中一次又一次地重复。

未表达的情绪导致生命创伤戏剧在成人关系里循环出现。小孩子无法表达自己的痛苦和被遗弃的感受。成人照顾者通常没有意识到婴儿和儿童正在经历创伤，他们不知道自己需要为孩子提供舒适和培育的支持。这让孩子感觉被抛弃，并被留在那里独自处理创伤，这使情况变得更糟。

每一次生命创伤戏剧重演都以同样的创伤性结局结束，它为你的洋葱增加了另一层未表达的感受。这些情绪像磁铁一般吸引类似的经验，帮助你在创伤戏剧中创造下一次行动。每次剧情回放时，人们似乎都不自觉地希望会成为他们想要的小孩的样子：他们将满足需要。在你的核心创伤戏剧中，你可以做几件事来完成未完成的工作。这些都列在"问题解决"知识框中。

问题解决：如何治愈童年创伤戏剧

- 确定你的核心创伤。
- 表达与它们有关的感受。
- 你的情感将得到安慰和支持。
- 验证你的经验。

一旦你完成了这项未完成的工作，你就会从创伤中获得"充电"，它们就可以被治愈。我们经常要求来访者在角色扮演时表演他们的创伤戏剧。在这里，他们第一次能够说出创伤经历的真相，并有关心他们的人目睹这种原始的创伤，支持和验证他们的感受和经历。这常常释放出他们压抑情绪的能量，并让他们对未来感到更加自由和乐观。

戏剧三角与受害者意识

家庭形态被称为戏剧三角，会涉及三种互相作用的角色：加害者、拯救者、受害者。史蒂文·卡普曼（Steven Karpman）首次发现，戏剧三角需要加害者、拯救者、受害者经历一系列复杂的权力和控制游戏，只有让他人成为受害者，他才能满足自己的需求。在有些家庭里，一个人提出某种要求会被指责自私或自我中心。如下图所示，加害者和拯救者之间常常没有直接的联系。

戏剧三角形态是家庭创伤的主要原因。家庭冲突中一再受害的儿童，或目睹其他人受害的儿童，内化了这些经历。与戏剧三角冲突有关的特定图片、文字和感觉，形成了创伤记忆的元素，与这些创伤经历有关的感官刺激或暗示能迅速地让人们从当下闪回或倒退到过去与创伤事件相关的经历中。这也符合创伤后应激障碍的症状的描述。

功能失调的戏剧三角经历也给孩子们带来了认知上的印记，使他们相信只有成为受害者才能满足需要。如果父母用戏剧三角来满足自己的需求，那么孩子几乎不可能度过依赖无能的分裂阶段，也不能完成分离任务。这些孩子没有形成强大的内在力量和自我引导，而是从他人那里接受线索，展现出"他人导向"的受害者的行为特征。他们在发展过程中依然停滞，在依赖共生和依赖无能之间循环。

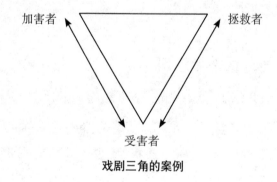

戏剧三角的案例

这个戏剧三角状态的例子包括父母和三个孩子。父亲下班回家，看到孩子们在看电视、吃零食，妻子在厨房里喝咖啡、看报纸。这一幕与他开车回家时想象的家庭场景不相符，他原本想象孩子们应该在自己的房间里写作业，妻子在等他回来共进晚餐。当他打开前门，发现事情并不像他幻想的那样时，在工作中处理问题时积累的挫败感一下子就爆发了。

他沮丧地对孩子们喊："你们为什么不在房间里做作业？这么没规矩！"孩子们从电视机前抬头看着他，被他尖锐的声调震惊了。妈妈走进起居室时，他们小心地看向她。这场冲突中，父亲起先是加害，孩子们是受害者。母亲为孩子们辩护，扮演了拯救者，她认为父亲是在攻击孩子，她是在捍卫孩子，并质问："你为什么每晚回家都要对孩子们大喊大叫？他们在学校待了一整天，现在需要放松！"

像在剧院里一样，戏剧的下一个场景很快就会上演。母亲为保护孩子而攻击父亲时，承担了加害者的角色，父亲转变为受害者的角色。然后，孩子们迅速地承担拯救者角色。他们关掉电视说："现在我们要去房间里写作业了。"这是家庭剧第二幕的结尾。

在接下来的场景中，父亲攻击母亲："你为什么没有准备好晚餐呢？我都要饿死了！"父亲再次扮演加害者的角色，而母亲成为受害者。女儿听到母亲和父亲在厨房里的争吵后，就像拯救者一样赶过来说："妈妈，我帮你准备晚餐。"这是第三幕的结尾。

戏剧三角的转换性质会让这场戏永远持续下去。尽管这种动态看起来似乎是良性的，但这种沟通模式很难消除。第一步，你需要做出承诺，停止用扮演受害者的方式满足自己的需要，而是直接提出自己的需要；第二步是拒绝拯救他人。当你做到这两件事时，你可以从人际关系中消除戏剧三角关系。

如何识别救援

如上面的例子所示，戏剧三角可以从三个场景中的任何一个开始。在提供帮助或治疗行业工作的个人通常会扮演拯救者角色。咨询师倾向于吸引与自己的问题相匹配的来访者。咨询师创造了一个戏剧，来访者可以和咨询师一起完成。这个职业陷阱被称为反移情。咨询师和其他专业人士可以很容易就投身到让来访者受到创伤的戏剧中。因此，帮助专业人士努力工作以解决自己未解决的问题，这一点至关重要。

与救援位置有关的戏剧三角的行为状态可能导致：

- 为你不喜欢的人做事；
- 试图在对方没有提出要求的情况下满足他人的需要；
- 在被咨询或求助的情况下，始终如一地完成职责以外的事情；
- 你不安地发现自己总是寻找一段只有你在付出的关系；
- 试图纠正别人的感受，或说服他们背离自身的情感；
- 为别人说话，而不是为自己说话；
- 不提出你的需求，只为他人的需要服务；

- 在你提供的帮助被优雅地拒绝后，你会感到被排斥了；
- 试图在没有明确协议的情况下帮助他人（这不包括满足正当需求时的善意和同情行为）。

在依赖无能阶段经历创伤的儿童，比那些在依赖共生阶段经历创伤的儿童，有更为发达的自我意识。年龄较大的孩子有更多的自我保护的防御，更可能使用"我很好"的外在和"我更好"的防御。举个例子，想想一个两岁的孩子，妈妈去医院生了一个弟弟或妹妹。两岁的孩子觉得母亲不值得信任，几天后妈妈回到家，他也拒绝与妈妈有联系。"我很好，你不好"或"我更好"的防御方式鼓励膨胀的自尊，支持戏剧三角中的加害者和拯救者的角色。

如前一段中的例子所说的，分裂行为表明一个人缺乏客体恒常性，也就是说，当感觉被拒绝、无价值或被某人说一些不友善或不愉快的事情时，他缺乏维持自我价值的能力。分裂行为也为成年后形成"两败俱伤"和"赢—输"的冲突解决方式奠定了基础。

摆脱戏剧三角

戏剧三角的关键因素是受害者和加害者、受害者与拯救者之间的权力差距。被支配的个人或团体通常扮演受害者的角色，而支配者扮演加害者的角色。戏剧三角包含以下特征：

- 强者支配弱者。
- 权力不平等。

- 缺乏明确的边界。

- 缺乏信任。

- 间接的沟通。

- 保有秘密。

- 赢—输的冲突解决方式。

- 压抑情感。

戏剧性的三角状态通过权力游戏得到强化，旨在恐吓那些被视为弱者的人。常见的权力游戏如下：

- 羞辱别人。

- 升级（"暴怒"行为）。

- 拖延（拖着老问题）。

- 问为什么而不是如何。

- 责备他人。

- 提升地位。

- 贴标签和谩骂。

- 在冲突中离开。

- 避免冲突中的责任。

- 扮演受害者。

- 用金钱或性来控制他人。

改变戏剧三角的动态平衡是很困难的，因为许多工业化国家在依靠支配／控制系统运行。全力改变这种文化体系的人可能被视为奇葩或怪胎。成为宏大系统（如国家）的变革者之前，他们必须明确自己的支配和被支配的模式。为了将系统转换为伙伴关系模式，参与者必须具备或体验以下内容：

- 丰富的态度。
- 平等的立法权力。
- 建立共享权力的社会制度。
- 谈判技巧。
- 直接沟通的渠道。
- 公开表达感受。
- 合作、双赢的解决冲突的办法。
- 承诺说出真相并寻求亲密。
- 尊重他人的边界。

如果你愿意遵循这里提出的指导方案，你就可以成功地摆脱受害者意识，在依赖无能的发展阶段完成分离过程。一旦你了解了这个戏剧的动态和目标，你会发现，无论你走到哪里，它都在上演。这是大多数家庭、社会和工作关系中唯一的游戏。

功能三角

戏剧三角在家庭中扮演了一个不正常的家庭三角关系，另一种方法是创建功能性的三角关系。当父母双方都同意不再扮演三角剧的时候，他们可以合作以一种功能的方式教育孩子。有了这样的支持，孩子最终学会不借助戏剧三角就能满足自己的需要，这也有助于孩子治愈自己内在的好或坏的分裂，始终都能保持一个统一他自身以及父母的"我很好，你也很好"的形象。这是完成个性化过程的基本标志，也被称为心理出生。

完成这一发展过程时，孩子会关注内部的力量。这让孩子运用情感和信任的内在资源引导他的生活，并获得所需要的功能。伴随家庭三角的支撑，孩子能够有效调节情绪，走向独立和下一阶段，不在之前未完成的发展过程中拖延。下面是父母帮助孩子完成个性化过程的沟通指导的一个例子。

完成个性化过程的指导方针

在第 2 章中，我们讨论了心理出生和个性化过程需要与孩子建立联结的两位照顾者的支持，以使孩子能够在情感上和心理上分离。下面是一些或多或少可以帮助孩子完成个性化的过程的指导原则。

1. 照顾者不能陪孩子满足孩子的需要，而孩子总是抱怨或心烦时，可靠的照顾者应该完成以下事情：

- 支持孩子的情感。（"我看到你因为爸爸离开而心烦意乱。"）
- 拒绝参与孩子对不在身边的父亲或母亲的"负面"判断，但对孩子给予同理心。（"你一整天都没看到爸爸，对你来说是挺难过的一件事。你希望他留在这儿陪你。"）

- 向孩子保证他的需要会得到满足。("今天爸爸去上班的时候，我来照顾你。")
- 告知孩子离开的照顾者会回来。("你爸爸四点会来接你回家。")
- 告知返回的照顾者，孩子对分离的反应。("你今天不得不离开时，凯文感到很难过，他希望你今天能够一直陪着他。")

2. 回归孩子身边的照顾者应该做以下事情：

- 问问孩子这是不是真的。("今天我要走了，你不高兴是吗？你想让我一整天都陪着你是吗？")
- 支持孩子的情感并提供亲密。("你今天伤心又生气，你现在需要我的帮助吗？")
- 表达自己对与孩子分离时的感受。("我也想念和你在一起的日子。我不得不离开你去工作时，感到很难过。")
- 给孩子一个缺席的理由。("爸爸必须去工作赚钱来支付我们需要的东西。")

3. 当孩子与一个照顾者发生冲突并将冲突带给另一个照顾者时，另一个照顾者应该做以下事情：

- 支持孩子的感受。("我能看出你对妈妈很失望。你看起来很生气。你真生气了吗？")

- 不要赞同或反对孩子对第一个照顾者的"负面"判断，代之以对孩子的同理心。（"你生气是因为妈妈让你收拾玩具。你不喜欢的是她让你收拾你就得收拾。"）
- 支持孩子直接面对第一个照顾者，以解决冲突。（"你愿意和她谈谈，告诉她你的感受吗？"）
- 帮助孩子与第一个照顾者交谈。（"当你和妈妈交谈时，你需要我的帮助吗？"）
- 让孩子知道保持三角关系，保留家族秘密是不行的。（"如果你不愿意告诉她你的感受，我会告诉她，你和她发生冲突让你感到很不安。"）
- 让孩子知道你不会解决他和第一个照顾者的冲突，而且当他们准备好解决问题时，你可以同时支持孩子和第一个照顾者。（"我不想陷入你和你妈妈之间的冲突中。我不会去找你妈妈替你说话。我只会让她知道，我知道你在生她的气。如果你们两个想谈谈这件事情，我可以同时支持你们两个。"）
- 告诉孩子，如果他在你不在的情况下解决冲突，你想要知道结果。（"当你和母亲谈论你不得不收拾玩具这件事的感觉时，请告诉我发生了什么事。"）

起初，使用这些不熟悉的回答可能会让你觉得尴尬。当你处于学习过程时，这是正常的。事实上，我们都处于学习过程中，理解孩子成功地完成个性化过程需要的支持。很少有人经历过这种交流。

然而，当你使用这种交流时，你会发现它在帮孩子感到被接受和被理解的过程中多么有效。还有一些关于在上述情况下不应该做什么的指导方针：

- 不要让任何人成为坏人。（"你需要他时，他从来都不在。"）
- 不要偏袒任何一方。（"你说得对。他不在乎你。他谁都不在乎。"）
- 不要忽视或低估情感。（"不要哭。来，吃块饼干。"）
- 不要低估儿童处境的严重性。（"我很忙，你去玩吧。"）
- 不要制造秘密。（"我不会告诉她你在生她的气。"）
- 不要实施救助。（"我会跟你妈妈谈谈，告诉她你不必收拾玩具。"）
- 不要玩"两对一"的游戏。（"我们去找妈妈谈谈，我们会告诉她，你不必收拾玩具。"）

使用上述两套指导原则，对于完成依赖无能发展阶段的个性化过程是至关重要的。如果你发现自己使用了不正确的反应，往往可以回去改变你的反应。使用正确的反应永远不会太迟。由于我们大多数人在分离过程中仍然有未解决的问题，上面的沟通准则也有助于解决成人人际关系中的冲突。

完成核心创伤任务的要求

有依赖共生行为的人试图通过寻找一系列特殊的人来投射他们的"完美父母"形象，以掩盖他们早期创伤的伤口，期望这些人能够满足他们未满足的自恋需要。这些特殊的人可能是宗教或精神领袖、老师、老板或者爱人。在这些关系中，依赖共生的人投射他的婴儿时期需要的幸福联结，以满足联结的需要。对另一个人的强烈的依恋需求以及再次通过对"完美"的人成瘾性的追求获得幸福体验，是依赖共生的核心要素。

如果我们审视一下这种行为的正确性，就会发现，人们本能地知道，他们必须回到依赖的状态，以打破他们的依赖共生行为。一旦成人能够以健康的方式满足他们的需要，就更容易完成依赖无能阶段的分离任务。研究清晰地表明，个人的联结越多，就越容易完成分离的任务。

其他有依赖无能行为的人试图以相反的方式满足他们对共生幸福的需求，而不是冒险通过重新经历创伤来获得亲密，他们寻求幸福联结的方式是对活动或物质的成瘾。他们通过工作、药物、酒精、性、运动、冥想或强烈的情绪状态（如愤怒）来获得"高峰"体验。我们相信，通过这些不正常的适应行为，我们可以摆脱童年时代的核心创伤。但是，一些有效的方法可以打破这些模式，而且这些模式很容易学会。我们将在下一节讨论这两种途径。

走向完整的两条不同路径

对有依赖无能行为的人来说，他们走向完整的道路与那些有依赖共生问题的人大不相同。下面的图表显示了每种类型需要发展的特性。

有依赖共生问题的人必须学会：	有依赖无能问题的人必须学会：
·变得更加独立	·变得更加依赖
·关注自我	·关注他人
·建立边界	·拆除围墙
·处理强烈的情感	·识别和表达情感
·确定个人优势	·认识个人的弱点
·亲近自我	·与他人亲近
·自治	·合作
·抵御投射	·收回投射
·避免不健康的承诺	·做出承诺
·掌握工作的世界	·掌握人际关系世界
·发展对自我的共情	·培养对他人的共情
·创造性的边界	·将性与养育分开

改变依赖无能行为的步骤

识别依赖无能模式。直到最近人们才认识到依赖无能行为在成瘾中的作用。人们更容易看到与食物、酒精、"镇定"药物和对其他人的依赖性成瘾。我们现在认识到"兴奋"的成瘾行为，以及帮助人们逃避亲密关系的另一些行为，如运动、工作、购物、兴奋剂、安非他命、性、旅游。大多数人都有一些嗜好。许多治疗师很疑惑为何成瘾如此难以改变。我们认为这是因为在治疗方案中经常忽略依赖无能问题。请你使用本书中提出的循序渐进的整体方法作为摆脱你的依赖无能行为的指南。行为指南确定了这个过程中的关键步骤，帮助你发现你目前正走在恢复自我的道路上。这些步骤涉及身体、情感和精神层面的转化工作。如果没有指南提供方向，很容易迷路。

自我恢复的步骤

- 记得你的童年中发生了什么事。
- 识别依赖无能行为的特征。
- 感受你的感受。
- 学习养育技能。
- 成为一个自治的人。
- 学会控制你的身体。
- 发展精神生活。
- 学习相互依存的生活。

了解你未满足的发展需求。这种方法将帮助你识别早期发展史中缺失的因素，这些因素会导致成人关系中的依赖无能行为模式反复出现。本书中的书面练习可以帮助你确定未满足的发展需要。一旦你明白哪些是不完整的，你就可能已经错过了完成的时机，但你可以使用我们提供的简易指南来满足当前成人关系中未满足的发展需求。

学习打破依赖无能行为所需的技能。我们在本书中用一整章内容来阐述这些核心的技能。你可以先了解为什么每项技能都很重要，然后利用本章的技能练习来学习如何更有效地使用这些技能。这种自助疗法可以让你在不参与治疗的情况下，用此作为治疗的辅助手段来处理你的依赖无能行为。我们选择了这些特殊的技能，因为我们发现它们能帮助人们建立更满意的亲密关系。自我恢复所需的技能列在下面"改变依赖无能行为的六种技巧"中。

改变依赖无能行为的六种技巧

- 感同身受。
- 设定边界。
- 收回投射。
- 照顾自己。
- 解决冲突。
- 沟通关于性的问题。

建立亲密关系。你可以创建安全的环境，以满足来自你发展过程中依赖无能阶段未满足的需求。我们发现，那些致力于互相帮助的人，尤其是夫妻，会打破依赖共生的模式，发现更深层次的亲密关系。有些人甚至会产生灵魂相通的感觉。

对你的依赖无能行为有更广泛的认识。依赖无能行为的社会和文化意义，为理解成人的发展缺陷提供了一个更广的背景。我们生活在一种集体发展到依赖无能发展阶段的文化中。这意味着依赖无能行为没有对错，但反映了你的生活环境。因为在我们的社会结构和文化结构中，你几乎不可能在没有依赖无能行为模式的情况下成长。因此，我们把社会和文化看作是问题产生的一部分，也是问题解决的一部分。认识到依赖无能行为既是个人问题，也是社会文化问题，可以让你摆脱对它们的羞耻感。

创造一个超越依赖共生／依赖无能问题的生活愿景。这是打破不正常行为模式的必要且经常被忽视的成分。你只有先设想一下，没有它们的生活会怎样，你才能从依赖共生或依赖无能的问题中恢复。

完成书中实用的书面练习。这将有助于你把本书中的概念应用到自己的生活中，我们敦促你花些时间完成手头的练习，因为它们给你提供了强有力的机会，让你加深对依赖无能行为的理解，并了解它们如何影响你的生活。这些实践练习，我们在研讨会、治疗实践以及与我们的来访者的工作中广泛使用，可以帮助你摆脱依赖无能的行为。

认识活动：识别你的核心创伤

当你走进一段人际关系中时，每个人都希望建立起一种原始的信任感。这包括建立一种观念，认识到他人的"好"是有局限的。

每个人都倾向于把对方视为善良、有爱和能满足自身需要的人。这种观点与孩子们在婴儿期经历的欣快状态相似，然后，在某个时刻，发生了一些事情，天堂般的生活结束了，你们中的一方感到被背叛、虐待或抛弃。

在童年后期，甚至成年后，我们继续尝试在亲密关系中重新建立原始的信任，以此来满足对亲密关系的需求。然而，每当我们这样做时，往往会发现：当这段关系中的伴侣不能扮演完美父母时，我们天真如孩子般的信任再次被背叛和粉碎。如果我们学会看到它好的一面，背叛或许是有用的成长经历。它也可以帮助我们确定创伤戏剧元素，正如以下练习中描述的那样。

1. 首先列出你生活经历中的重大创伤或背叛。这些可以是别人背叛你，还可以是你背叛别人。你可以做一个时间序列，从最新的事件开始，然后追溯到背叛经历最早的童年记忆。用几个句子或短句来描述每一次创伤，然后把它们放在由最早的背叛事件开始的时间序列中。

2. 检查你的清单，问自己以下问题，并写出你对这些问题的答案。

- 这些创伤有哪些相似之处？
- 在每一次创伤或背叛中，我的角色是什么？
- 背叛发生时的情形是怎样的？
- 在每一次背叛或创伤中，我有何感受？

- 作为这些创伤或背叛的结果，我对自己和世界形成了什么信念、价值观、假设和期望？
- 最早的创伤如何在每一次创伤中重演？
- 在我的生活中，什么样的戏剧似乎在反复上演？
- 每一次创伤或背叛经历中都未完成的是什么？
- 我需要做些什么来完成这些经历？

3. 现在写下"我的生命故事"，把你的创伤列表封装成一个神话或隐喻的故事，让你的故事反映出你在早期的创伤和生活戏剧中所看到的关系。

4. 观看你的人生戏剧，看看还有什么没有完成。检查每次事件或背叛，看看你需要做些什么来完成它。写出另一个故事，"我的新的生命故事"，反映出如果你完成了创伤戏剧中未完成的元素、治愈了你经历过背叛的影响后会发生的事情。

5. 然后在治疗中，在一个支持团体中，或者在一段亲密关系中，为你自己建立经验，这样你就可以完成完善背叛循环所需的工作。

总结

- 前沿研究有助于我们更好地了解儿童对成年照顾者的真实需要，以便全面发展。下一步是确认这些新信息。
- 在养育自己的孩子时，你可能会面对自己的童年创伤。请你为此做好准备！

- 任何未确定或未治愈的发展创伤都会影响到成年人际关系中的亲密关系。
- 童年时的无意识协议会破坏成年人际关系中的亲密。
- 受害者心态，基于戏剧三角的动态关系，会破坏你的人际关系。
- 恢复自我的步骤很完善，恢复真正的自我就是可以实现的。

第二部分

亲密的途径

♡ 4 获得自由的要素

永远记住，你不仅有权利，也有义务成为一个独立的个体。只有这样做，你才能在生活中做出有益的贡献。

——埃莉诺·罗斯福（Eleanor Roosevelt）

关于摆脱依赖无能行为的发展理论认为，任何未在适当年龄完成的发展过程都会延续到下一个发展阶段。未满足的需求会在你的人际关系中无意识地循环出现，就像一幕幕的创伤戏剧不断上演，直到它们得到满足。

收回未完成的问题

具有依赖无能问题的人通常会有亲密关系方面的问题，因为他们正在收回不完整的发展问题，因为儿童早期留下了牢固联结和心理分离上的问题。因为他们了解到自己"渴求"他人，认识到这有些不对劲，所以他们试图隐藏对他人的"渴望"，用间接的或隐蔽的手段来满足他们的需求。消除这些依赖无能行为需要突破防御的保护墙，学习开启亲密关系的新技能。

未解决的依赖无能问题持续存在时，建立亲密关系是很难的。亲密关系会激活所有旧有的创伤，引发我们对淹没、入侵、背叛、虐待和操纵的回忆。换句话说，当我们在一段关系中变得亲近和亲密时，所有与我们未解决的问题和未满足的需求相关的感受开始浮现。这是坏消息。好消息是，这是治愈依赖无能问题的第一步。

依赖共生／依赖无能关系的特征制造了可预见的亲密关系冲突，那些未解决的依赖共生问题对接触和身体上的亲密有强烈的需求，这可能会吸引具有依赖无能问题的伴侣。相反，那些尚未解决依赖无能问题的人想要亲密关系，但对淹没迹象保持警惕并迅速建立防御的边界。

无论哪种方式，都是在为激烈的竞争和冲突设置舞台，这会使得真正的亲密关系很难产生。当关系不够亲密时，有依赖共生问题的人会制造冲突；当关系过于亲密时，有依赖无能行为的人会制造冲突。确认关系中对亲密和分离的容忍程度带来的挣扎，都会导致夫妻关系中的冲突。

寻求亲密

你可能和很多人一样，需要通过电视和电影、书籍、杂志、报纸、流行音乐或乡村音乐间接地学习亲密关系，因为在你的成长过程中，你并没有看到过家人的亲密无间。因为我们的文化充斥着真实亲密的扭曲和失调的形象，所以，你很有可能学到很多关于亲密关系的错误信息。

你可能以为只有你们家人不是很亲密。因为你没有很多时间和其他家庭待在一起，所以你理所当然地认为别人的生活平静祥和，就像电影《脱线家族》（*The Brady Bunch Movie*）中的那样。你长大后，想发生性关系时，可能会通过观看或阅读影视明星台前幕后的浪漫爱情故事来了解性亲密。

这些亲密关系和家庭生活之类的虚假形象，可能使你难以在与家人和朋友日常生活中的冲突、竞争和斗争中达成一致。如果你陷入黑白思维中，你可能会将亲密关系中的经历分为好的或坏的。人际关系进展顺利时，你可能会认为你们的关系全部都是好的（"我们会永远这样爱彼此"）。人际关系中发生冲突，尤其是那种引发童年问题或强烈情感的冲突时，那么你们的关系可能看起来都是坏的（"我们是时候离婚了"）。在亲密关系中，这两种观点都不现实。

亲密关系的新定义

如果你认真观察伴侣之间的依赖共生和依赖无能之间的关系，你会注意到伴侣往往在竞相满足他们的封闭和独立的矛盾性需要。这种人际组合尤其会激活每个人未满足的发展需求。对亲密有依赖共生需求的人，会激活对方的依赖无能需求，以免被侵略或虐待。

另一方面，对空间和安全有依赖无能需求的人，会激活他的伴侣对被抛弃的依赖共生性的恐惧。除非伴侣能明白他们的关系到底发生了什么，否则他们可能会去离婚法庭。可持续关系中的伴侣会重新定义亲密关系，并将其置于发展环境中，包括完善不完整的发展过程。

当我们对父母和孩子、雇员和雇主、夫妻或兄弟姐妹进行关系治疗时，我们一起成为合作治疗师。这就提供了两个外部视角来分析正在发生的事情，并防止通常情况下两个来访者中产生"以二对一"的常见现象。作为咨询师，我们的首要目标是确定童年时代遗留至今的不完整的发展过程，以及每个人未满足的需求。一旦完成这样的操作，我们就可以重新整理来访者的问题，并帮助他们了解如何使用简洁的方式来满足这些关系中的需求。

> 我们需要重新定义亲密关系，既包括好的时光，也包括不那么好的时光。

下一个目标是帮助他们看到彼此内心受伤的孩子，让孩子从痛苦经历中发展出同理心。夫妻都能这样做时，通常会进入第三阶段：达成合作协议、互相帮助、相互纠正，从而改变内心孩子的创伤。我们在自己的人际关系中使用了这种方法，有时还会与来访者分享自己的经验。我们已经教会许多来访者如何重构他们的冲突，帮助他们找到治愈创伤的新方法。我们的方法可以帮助夫妻建立一种如此丰富和深刻的亲密关系，我们把它描述为"触及灵魂"。在"问题解决"一栏中，我们列出了将亲密代入人际关系所需的基本元素。

问题解决：如何在你的人际关系中体验更多的亲密

- 与伴侣合作制定再次养育的协议，治愈你的发展创伤。

- 说出你的真实状态和真实需要。

- 分享权力，为所有冲突寻找心灵进化的解决方案。

- 愿意与伴侣在多个层面分享你的生活：在精神、情感、心理和物质上创造富足的体验。

- 与伴侣谈判，以满足亲密和独立的需求，并创造相互依存的机会。

- 整合：将伴侣看成是一个完整的独立者，拥有一些你喜欢的和不喜欢的特质。

- 坚定自信，愿意在所有的时间里询问你需要什么。

当你能够将这些元素纳入亲密关系的定义时，每一段关系都会经历潜在的亲密感。你们的关系变成了一场互动，使你和伴侣从一段亲密关系转移到另一段亲密关系，这是相互依存的伴侣关系的基本要素。我们将在后面的章节中更全面地讨论这些基本要素。

改变你的依赖无能行为

如果你刚刚开始解决依赖无能和依赖共生的问题，你可能会想，"我该从哪里开始？"如果是这样的话，请参考第 2 章结束时的认识活动，以及第 3 章结尾的"改变依赖无能行为的步骤"。

它们给你提供具体的步骤，让你知道你可以从哪里开始，为你描述长期的工作进程。你可以开始想象如何通过使用各种资源改变依赖无能行为。有些步骤你可以自己完成，有些工作你可以通过治疗更有效地进行，有些工作你可以在一段承诺的关系或者一个支持的小组中更好地进行。你需要创建自己的计划，改变与依赖无能相关的行为。

改变依赖无能行为所需的资源

独自解决问题

在一个刚刚开始打破束缚获得自由的过程中，独自完成可能更容易一些。阅读书籍，参加研讨会和讲座，并从工作和人际关系中抽出一些时间完成一些心灵的反思和探索，这些都是你刚刚开始处理问题时的绝佳方式。独自工作可以让依赖无能行为的人感受到安全，不会感受到任何侵犯或窥探。在这个安全区域中，你的阴暗面可能会更容易出现——你可能会不安、脆弱、受伤和害怕。

完成这本书的写作练习是另一种独自解决问题的好方法。你也可以写日记、每日记录并反复确定，利用身体锻炼，如散步、远足、跑步或骑自行车，以此来反映你的感受、想法和行为。当你独自解决问题时，你还可以了解心理的转化过程，这有助于你了解洋葱的每一层是如何联系在一起的，并了解它们如何造就早期的发展创伤。

去除自我的虚假面具，是独自解决问题的一个重要部分。在这里，你可以看看你的强硬姿态"我不需要任何人"，在你之前的生活中很好地为你服务，现在可能变成了一个牢笼，使你远离现在所渴望的温暖和亲密。当你明白自己的真正需要时，你就可能已经准备好冒险改变你的行为了。

在支持小组中解决问题

遇到依赖无能问题的人决定参加援助计划时，可能会认为他是唯一经历过此类问题的人。然而，外部支持可用于任何一种团体治疗或十二步骤支持小组，这两者都可以提供很好的机会来摆脱这种观念。依赖无能行为模式的人加入一个群体时，他们通常首先看到的是人们去掉面具时的相似程度。

支持团体允许人们分享他们的共同努力，并可以提供各种机会来清除你的依赖无能问题。支持团体对于那些有依赖无能问题的人来说也是一个危险的地方，因为这里要求他们在别人面前放下防御。然而，那些勇于冒这种风险的人，通常会在这里发现他们从未有过的爱和支持的来源。成千上万的酗酒者和其他成瘾者在第一次匿名戒酒或其他十二步骤支持小组时，会有这样的体验。

在治疗中解决问题

具有依赖无能问题的人往往会恐惧治疗，因为治疗需要与陌生人分享个人的问题。只有生活变得非常糟糕，他们才会前来寻求帮助。那些有依赖无能问题的人在治疗中，通常会陷入恐惧和伤害中。因为安全对他们来说至关重要，所以最重要的是他们必须找到一个他们信任的治疗师。从认知疗法开始，对那些具有依赖无能问题的人来说可能都是最好的选择，因为它有助于建立必要的信任来观察更深层和更多的情感问题。支持小组有助于人们在有意识的、有承诺的、合作的关系中解决问题。

这类工作要求依赖无能模式的人们大幅提升信任。他们最初可能会感到害怕，因为他们必须变得脆弱，并有可能再次受到伤害。为了改变这种关系，合作伙伴必须遵循以下栏目中的步骤。

伙伴关系中的能做和不能做的事情

- 同意用 6 个月的时间合作解决你们关系中的问题，以便有足够的时间取得一定的效果。
- 在这段时间共同制定一系列目标。
- 如果必要的话，同意改变你自己的行为。
- 致力于学习新的沟通技巧，这将有助于你建立人际关系。
- 每周留出足够的时间处理你们的关系，这很重要。如果你不这样做，就不会产生好的结果。
- 定期评估你的工作方式，并在必要时更正。
- 一定要诚实地告诉伴侣你真实的样子以及你的需求。
- 同意不使用权力的游戏、威胁或操纵来解决冲突。
- 不要期望事情会在没有计划的前提下发生。

- 不要期望事情一开始就是顺利的。你要有耐心，并学会如何合作解决问题。
- 不要试图一次做得太多，设定可管理的目标。
- 不要逃避。同意在契约期间维系关系，在冲突时不会逃跑，以此来关闭逃避的出口。

由于依赖共生和依赖无能的模式是由关系功能障碍引起的，所以治疗这些功能障碍的最佳场合就是身处的这段关系。你可以创建多种形式的承诺、有意识的合作关系，你可以从中开启治愈的过程，例如朋友、商业伙伴、父母和孩子或是夫妻之间的关系。

具有依赖无能模式的人需要学会如何变得脆弱并承担风险。他们不应该对自己的问题和需求保持警惕，而是必须学会如何寻求他人的帮助，减少以自我为中心的行为，培养对他人的同理心。在伙伴关系中解决问题是一个很好的机会，可以教会彼此如何发展和维系一段亲密关系。

创建亲密关系的技巧

建立亲密关系要求依赖无能行为者学会重要的沟通技巧。恢复亲密关系的能力对每个人来说是一个不同的过程。学会亲密可能需要相当多的时间和精力，因为它往往需要人们从以自我为中心转移到以他人为中心。考虑到依赖无能者对安全和可靠的强烈需求，其他步骤（如学会安全释放陈旧或压抑的感受）可能需要大量的工作。以下是我们教给自己的来访者和学生在依赖无能行为方面的六种基本技能。我们将在不同的章节中深入探讨这些技能。

同理心训练

同理心是一个人能够以另一个人的方式去体验世界，并对他如何思考、生活和感受感兴趣的能力。同理心是一种从同情和关怀的角度了解他人的意愿。对于一个具有依赖无能问题的人来说，这是一种巨大的改变，他可能已经学会了收集他人的相关信息，但只是作为他判断、控制、支配和防御的需要的一部分。

依赖无能者建立同理心之前，必须了解他们尚未学会这项技能的原因。他们的原生家庭，在某些条件下，会使人们对同理心感到困惑不安。学习同理心的关键是释放和放弃控制，打破自我否定。

设置边界

对有依赖无能问题的人来说，设置边界是变革过程的重要部分。孩童时期，他们很可能经历了身体、精神、情感和心理自我的侵犯，迫使他们建立起防御的围墙。具有依赖无能问题的人的最大问题是设置了太多的边界或壁垒。在成长过程中对安全的需要，要求他们建立边界以保护自己免受攻击。结果，他们学会不理会别人说的话。具有依赖无能模式的人通常会产生厚厚的肌肉或脂肪层，提供一副铠甲，阻止亲密的接触。他们也可能试图通过告诉别人自己感受到或感觉不到某些情况来控制局面。

对具有依赖无能问题的人来说，第二个与边界有关的问题是跨越他人的边界。他们咄咄逼人的策略是"我要在他们抓到我之前先抓到他们"，实际上是变相的防御机制，这种策略在商业领域运作良好，但在亲密关系中往往会失败。亲密关系中的攻击行为，有助于制造冲突并延续斗争。人们面临的挑战，是建立充分的防御而不过于武装自己或／和避免侵犯他人的边界。

收回投射的技巧

人们看到别人的负面特征时，却没有意识到这些特征正是他们投射出来的自身具有的相同特质。对于有依赖无能问题的人来说，投射是一个严重的问题，因为他们往往没有意识到自身未满足的依赖共生的需要。他们可以在别人身上清楚地看到同样的需要，并且常常严厉批判那些"有需求"的人。典型的依赖无能游戏就是"审判室"，每个人都在受审。在这种人际关系的游戏中，依赖无能的玩家把其他人告上法庭，审判他们，把他们判断为不完美的人，因为没有人能够满足他们的需要。这个游戏是对亲密关系的绝佳的防御方式，因为它把注意力集中在他人的问题上，并使有依赖无能问题的人看起来还不错——由内向外看。它还可以帮助这个人保持独立，胜人一筹，一切尽在掌控之中，并且感到安全。

正确的养育技巧

在有承诺的、有意识的关系中，人们可以创造契约来帮助对方满足他们未满足的需求，并为建立亲密关系提供重要的基础。在这个更深的层面上，旧有的创伤、痛苦、虐待、遗弃和在非正常的家庭中成长的创伤，可以创造出与性分享一样亲密的联系。人们通过建立合作契约，最终满足未满足的需求，可以将一种痛苦和冲突的关系转变为亲密和养育的关系。

解决冲突的技巧

亲密关系要求人们善于解决需求和欲望之间的冲突。一些涉及深度创伤的冲突可以循环出现，并且变得棘手。为了解决不同的冲突，重要的是，伴侣必须学会三种工作技能。我们的书《冲突解决方案：合作的方式》（*Conflict Resolution : The Partnership Way*）是一份很好的参考资料。

性的沟通技巧

卧室是另一个有亲密问题的依赖无能者的问题源头，他们的伴侣可能要求一种亲密的情感和诚实的关系。这会迫使人们在他们的防御墙后面产生依赖无能问题。因为他们没有学会养育或被养育，这成为他们超越了性爱动力和亲密分享的更深层次的困难。因此，他们通过保持忙碌的方式，通过拥有多个性伴侣，或者通过某种方式说服自己伴侣没有魅力或具有性方面的缺陷来避免性的亲密。

一旦走上了通向自由和整体的道路，人们就会发现自己似乎并没有回到旧有的方式中。有时，在绝望、抑郁和沮丧的时刻，人们很容易放弃。在这些时刻，人们灵魂深处的一种精神勇气常常推动他们前进，鼓励他们采用更健康的思想、情感和行为。

案例分析

　　经过十五年多种方式的治疗后，琳达（Linda）来到科罗拉多进行了为期两周的强化治疗。她参加了几个月前在她家所在的地区举办的一个研讨会，在那次研讨会上，琳达受到鼓舞，有了突破性的体验，开始进一步地接受我们的治疗。

　　之前，琳达的案例是我们处理过的最奇怪的案例之一。她的父母非常富有，她又是家中的长女。外界看来，她成长的环境很正常，甚至还很理想。然而，她的父母是我们见过的最会骂人的人。结果，琳达产生了许多依赖无能行为。母亲完全契合了依赖共生的行为原型：无能、高度被动，完全被专横的丈夫支配。父亲有典型的依赖无能行为的症状：自私自利、挑剔、完美主义和高要求。琳达将自己的童年和在这样的父母身边长大的历程，比作在集中营中生存。

　　她开始治疗后，我们花了几个小时去帮助她恢复创伤。我们检查了她与父母的关系动态，她在保持父母双方关系达到某种形式的平衡中的作用，她与父母双方在无意识间达成的心灵契约，她构建自己生活经验的价值观、信念、假设和期望，她的背叛经历中反复出现的模式塑造了她生活的旧有的发展创伤。

鉴于她童年时期的极端虐待，我们认为她的核心发展创伤一定很严重。我们跟她探讨了出生时的情况。她知道母亲当时被麻醉了，完全没有意识，这样会使琳达的出生过程变得有些艰难，也有可能威胁到琳达的生命。在分娩时，主治医师用产钳把她夹出来，抓住她的右臂。她还认为，医生把她倒过来，打她的屁股让她呼吸。有了这些信息，我们可以开始拼凑出琳达生命创伤的元素。

我们可以看出琳达的出生是她的生活的一个隐喻。当琳达受到伤害时，母亲继续扮演琳达出生时所扮演的被动、无意识的角色。父亲是一个律师，扮演了虐待的医生的角色。父母一起重建了琳达的出生创伤。琳达总是重新经历童年，好像一直生活在危险之中。

出于富裕家庭的隐私，他们利用"法庭"游戏对琳达进行了复杂的心理和精神折磨。琳达像囚犯一样受到监视。任何时候，只要她违反了规则，哪怕是最细微的规则（而且规则有很多），她都会被带到父母面前。然后，父母向琳达描述了违规行为的性质和严重性，使她感觉自己像个罪犯一样。扮演检察官的父亲向她提起诉讼，还会叫母亲作为证人指证她。她被带到法官（又是她的父亲）面前。在父亲面前，她总是有罪的。然后，她会接受"审判"。很小的时候，她就经常被打，但是随着年纪的增长，大多数时候，她还是会受到羞辱、贬低、打击和咒骂。

3岁时，有一天午夜，她吓坏了，走进父母的卧室，叫醒父亲。

父亲非常生气，把她从大厅带到卫生间，让她站在敞开的马桶前，扯下她的内裤，打她屁股。当时，她在半睡半醒间被一股愤怒的力量从大厅带到卫生间，敞开的马桶带来的视觉和嗅觉感受，半裸地站着带来的羞耻感，以及被父亲打的恐惧，整个事件在她的内心深处留下了永久的伤痕。

琳达的出生和儿童早期发展创伤构建了她的生活主题："我一直在接受生活的审判。"这一主题编制在各种人际关系和工作环境中，甚至当她向一位知名医生寻求精神治疗时，出现在这位医生的经验中。多年来，琳达已经积累了大量材料，包括旧的信件、日记、剪报和其他材料，她用这些来记录她童年的恐怖感受。考虑到我们可能会评价她，她用这些文件作为一种资料，支持她对案件的"辩护"。在与我们一起进行治疗的过程中，她会感到害怕，拿出剪报或各种信息，以帮助自己向我们证明她的无辜——而且是一次又一次地证明自己。

琳达能够清楚地认识到生活中的核心发展创伤和重复经验，她受到了很多启发。她似乎第一次看到了自己生活的全貌，这时，她似乎明白了一点道理，进入一种清醒的状态里，这一切使她感到震惊。

当我们讨论琳达的发展创伤的方方面面时，贾内说她可能已经与创伤绑定在一起了，与它的联系与早期养育中出现缺陷时可能会依恋一个娃娃或一条毯子时的状态一样。这个建议让琳达吓了一跳，我们可以看到她内心的转变，因为她考虑到了这种可能。

贾内表示，这可能是她小时候的生存机制，因为没有什么事情能让她建立起安全的联结。现在，她有了可以与之保持联结的人，并且可以开始满足她的需要。我们探索了"我一直在接受生活的审判"这一陈旧的现实，看看还有多少是真实的。她承认她已经不再是孩子，不再生活在父母身边，事实上，她的生活已经不再处于危险之中。

当我们坐在一起时，单单说出这个事实，她就已经释放了体内的一些紧张气息。然后，我们逐步引导她完成了"与父母一起完成的过程"的练习，旨在帮助她了解并完成任何与父母有关的问题。（参见第 9 章结尾处培养能力的练习。）

两周的治疗结束后，我们可以看到琳达的外在和行为产生了巨大变化。她显得更轻松、更柔和、更温和。她散发出令人难以置信的爱的能量，温和地说话，表现得更加专注。两周前，刚来的时候那个愤怒、激动的女人已经被改造了。

琳达回家后，不断地向我们报告进展，告诉我们生活中的持续变化。3 个月后，琳达在一封信中写道："我已经痊愈，身体非常平静。我已经把睡眠时间从 8 小时减到 5 小时，醒来时还会感到休息得很好。这一切都是一种恩赐、一种祝福、一种奇迹。"她在其他信件中描述了她在焚烧和扔掉她长期收集的盒子和成堆的"防御材料"时发现的喜悦。对琳达来说，放下她的发展创伤是一个快乐和治愈的过程。多年来，我们定期收到她的来信，她一直在取得良好的进展。

认识活动：如何识别不完整的发展过程

下面的图表有助于你识别任何不完整的发展过程和未满足的需求。仔细阅读发展过程和需求列表，并在你认为不完整或未得到满足的项目旁边打钩。接下来，检查不完全发展过程的成年指标，看看你是否符合其中的任何一个。然后检查纠正活动，看看你现在能做些什么来完成这些过程。

打破依赖共生和依赖无能的关键因素		
联结阶段的关键发展过程和需要	不完整的发展过程的指标	完善发展过程的纠正活动
尽可能多地掌控你的出生过程	害怕尝试新事物，被动，听从别人的领导	接受自信训练，学会如何不内疚地掌控
出生的环境舒适，灯光柔和，音乐轻柔，成人穿着普通服装（而非白色制服）	焦虑和恐惧频繁发作，频繁的上呼吸道问题（支气管炎、哮喘、气短、肺炎）	学习呼吸技巧如同重生一般。重演你出生在一个安全、舒适的环境，使用特殊的呼吸技巧
能够在出生后立刻获得照顾	强迫性暴食或饮酒，强迫性购买或囤积	让一个值得信任的朋友抱着你，用奶瓶喂你。请一个值得信赖的朋友拥抱你、摇晃你、唱歌给你听
在出生后的最初24到36小时内与父母双方有尽可能多的皮肤接触	难以放松，长期身体紧张。强迫性进食、饮水、性爱	进行正规按摩或婴儿按摩，要求被人抱着、摇晃

打破依赖共生和依赖无能的关键因素		
联结阶段的关键发展过程和需要	不完整的发展过程的指标	完善发展过程的纠正活动
与母亲、父亲和其他家庭成员建立安全的联结	不安全感和恐惧感，难以信任别人；避免接触	当你感到悲伤或害怕时，请求被抱着和安慰。寻求拥抱、身体上的非性爱性质的触摸。发展自我安慰的技巧
在你出生时与直系亲属和大家庭里的人建立联系	被隔离或孤立的感觉，是一个孤独的人。难以信任别人是为了你而存在	重演你的出生过程，其他人扮演家庭成员。找到一个能让你解决信任问题的小组。与伴侣进行信任的训练，例如向后倒下让他在身后接住你
被有爱地接纳并确保得到立即的关爱，以免肾上腺压力反应系统被激活	难以放松，长期身体紧张。对活动或刺激成瘾	用温暖的沐浴或其他安慰活动锻炼自己
将你的真实自我反映给父母和其他成人	低自尊、低估自我。缺乏对自身需求的了解	学习冥想和放松的方法
开发有效的方式让别人知道你的需求	无法提出你想要什么或需求什么。不知道你的需要或需求	列出你想要从父母那里听到的话，并让别人向你说出这些内容
让你的需求得到重要照顾者的尊重和重视	否认需求；饮食不佳；缺乏对自己的照顾	用一面全身镜看自己，并确认你的身体、能力的本质

打破依赖共生和依赖无能的关键因素		
联结阶段的关键发展过程和需要	不完全的发展过程的指标	完善发展过程的纠正活动
以爱而非性爱的方式触碰和抚摸	感觉自己像个受害者或使用贬低自我的语言	当你发现和表达深刻的感受时，请求安慰和支持
让你的主要照顾者看到你新的真实自我	感觉别人不爱你	积极、无条件地展示自己。找一只泰迪熊或洋娃娃代表内心的小孩，抱着内心的小孩，摇晃、给他唱歌
让照顾者乐于和你在一起	感觉你不受欢迎或不被需要。感觉被他人遗弃或吞没	加入治疗小组，提出这些问题。当你感觉到被抛弃时，学会要求获得安慰
得到支持和鼓励以安全地探索你的世界	很容易感到无聊。需要别人来激发你对生活的兴趣。很难放松，长期焦虑	不断认识新的东西，增强你对探索的信心。设定目标并制订计划来实现，为你想要的生活制定愿景
通过你的感官发现你周围的世界是如何运作的	即使你需要，你也会拒绝和避免他人的帮助。追求完美。难以承认错误。无法相信感官或直觉	加入一些小组，在你探索这个世界时为你提供支持。花时间倾听鸟儿的声音，嗅一嗅自然的气息。在自然中漫步或徒步，观看季节变化
让你的感受得到重要他人的支持	拒绝问题或贬低问题的重要性，过度需求以让自己看起来不错	要求他人积极、无条件地展示自己。加入一个支持或治疗小组，在那里，你可以表达不被看到的痛苦，你会被人们看到

打破依赖共生和依赖无能的关键因素		
联结阶段的关键发展过程和需要	不完全的发展过程的指标	完善发展过程的纠正活动
接收的"不"的信息是"是"的信息的两倍	由于害怕被他人控制而叛逆或害怕，自我中心，对挫折有低的容忍力	学习移情技巧。了解如何区分你的养育需求和性爱需求。整合你的力量，你的信息收集和人际关系的技巧
得到父母的情感的支持，表达你所有的感受	难以在情绪和身体上亲近。难以容忍别人的错误	寻求做新的事情的支持。毫无阻力地接受帮助和反馈。找到安全的方式表达压抑的情绪
学会直接提出你的需要和需求	过度地需要他人认同，以确认自己是正确的或具有决定权的。期待他人读懂你的想法	有意识地构建一段关系，也许是从一个治疗师或治疗小组开始。学习合作伙伴关系中解决冲突的技巧。识别并学会爱你的阴影部分。满足你的需要而不内疚，愿意在任何时间里提出你的需要

总结

· 对我们大多数人来说，我们的家庭和整个文化都是亲密关系的不良示范。

· 真正的亲密包含冲突，我们需要用有效的手段解决冲突。

· 一系列基本的沟通技巧，可以帮你改变依赖无能行为。

· 努力构建一种承诺的关系，是打破依赖无能行为、满足先前未满足的发展需求的最有效方法之一。

♋ 5　同理心：亲密的途径

> 他人不能倾听……没有反应的影响是，会让你产生痛苦、麻木的后果。
>
> ——克拉克·莫斯塔卡斯（Clark Moustakis）

移情源自于德语"einfuhlung"一词，意思是"感同身受"，指的是深入理解另一个人的能力，就像理解自己一样。你越了解自己，对自己越有同理心和同情心，你就越能感受到对他人的同理心。这是我们从人际关系中得到的一个重要教训，共同处理并清除了许多发展中的创伤，使我们以难以想象的方式对自己和彼此敞开心扉。而且，虽然我们的治疗过程暴露了许多旧有的痛苦，但它也打开了我们的心灵，这是在我们有承诺的关系中的一份伟大的礼物。

什么是同理心

有同理心的人可以对他人产生感同身受的感觉。当父母能够调节婴儿的能量并与他的情绪状态同步时，同理心就自然而然地发生了。这种深层的情感联系在父母和孩子之间产生共鸣，使他们体验到一体性。在这个深层的相互联结的状态里，婴儿第一次有了同理心的体验。

不幸的是，许多人在与父母的关系中没有同理心，当他们成为父母时，不知道如何对自己的孩子产生同理心。如果你像我们一样，没有善解人意的父母，你可以用一种更正式的方式学习。在这一章中，我们将讨论一些能让你变得更有同理心的技能。

同理心包括倾听他人，这样你就可以重复他说的话，让他感到被重视、理解、尊重和支持。这并不一定意味着你同意对方说的话，而是表明你理解他。以下列表是同理心倾听的几个组成成分：

- 仔细听对方说了什么。
- 在他说话时，不要想着你要如何回答。
- 倾听到对方的感受，同时保持与他们的分离。
- 交谈时，两人面对面，偶尔看着对方的眼睛。
- 反思你听到的对方说的话，并确认交谈时你所感受到的内容。
- 释义，而不是"亦步亦趋"地回应你听到的话。
- 询问对方，你是否准确地反映了他所说的和感受。
- 使用与对方相似的语言，以便帮助他感到自己说的话被倾听、被接受和被理解。

人本主义心理学家卡尔·罗杰斯（Carl Rogers）认为，同理心是"改善一个人与他人的关系和沟通的最有效的技巧"。你需要同时使用言语和非言语沟通的同理心倾听技巧，包括参与、追踪和反思。在本章后面的内容中，我们讨论了每个领域额外的技能练习。

什么是感受

人们沟通时，常常混淆和误用感受。他们说"我感到你想控制我"，他们说的是"我想"而不是"我感到"，或者他们会说"你让我疯了"，他们的意思其实是"我选择了生气"（没有人能让别人感受到任何东西）。另外，人们往往认为，他们必须为自己的感受辩护，给他们理由或者等着找到表达感受的恰当理由。例如，一个人告诉朋友不要在晚上 10：30 以后打电话，而朋友就在晚上 10：35 打过来。那个人可能会选择让自己拥有主动权。大多数人不知道的是，每个人的感受都很重要。人们有六种基本感受，每种都有单独的功能，如下表所示。

基本的情感及其功能	
感受	完成发展过程的纠正活动
愤怒	你的需求没有被满足时的自然反应。你也可能会害怕对一些能满足你需要的东西提出直接的要求，并且你可能会生气，希望能在没有直接提出要求的情况下得到想要的东西。
恐惧	你感知到身体或情感危险时的自然反应。你可能会认为你无法同时思考和感受，因此可能不会考虑是否存在实际的危险。你也可以用恐惧来掩饰愤怒。

基本的情感及其功能	
感受	完成发展过程的纠正活动
悲伤	你对失去一个人、一个物体或一段关系（真实的或幻想的）的自然反应。悲伤是放弃你依恋的东西时的主要感受。你也可能有一些与丧失有关的愤怒。
羞耻	你对个人或社交上受限时的自然反应。健康的羞耻感可以帮助我们监控在公共场合的行为，也有助于形成我们的道德准则。
兴奋	你对自己期望发生的事情的自然期待。恐惧和兴奋往往密切相关。有些人在孩子时期从未获得许可来表现兴奋。
幸福或快乐	你获得自己的需要和需求或有效完成某件事时天然的满意度。有些人不知道快乐是被允许的。他们可能沉迷于斗争。

为什么具有依赖无能问题的人学不会换位思考

如果你在探索依赖无能发展阶段时受到过惊吓和伤害，你需要得到安慰和养育；如果你在某种程度上被取笑或拒绝，这种发展创伤会使你建立起保护性的防御体系，以免再次受到伤害。也许你想向父母证明你很坚强，不需要任何人。类似的经历重复出现会使孩子们相信，他们的害怕、不安、悲伤或困惑等感受，应该避免告诉他人。他们内心认同的信息是："照顾好自己，不要相信任何人。"经典的依赖无能型例子是，除臭剂广告中足球教练对球员说："永远不要让他们看到你出汗。"依赖无能行为包括建立起防御，确保没有人知道你的真实感受并利用它们对付你。

依赖无能者小时候没有受到保护，通常会变得高度警惕，格外留意每个人和每件事，以判断自己是否会受到伤害或嘲笑。他们在这些事情上消耗了太多的精力，会将他人看作是幸福的潜在威胁，留下很少的精力去认识他人。

有些孩子无法与父母分离，因为母亲可能用此来满足自身童年时的需要。也许有人告诉你，你自己的需要并不像母亲的需要那样重要。更为重要的是，你可能已经放弃了个人需求。有些父母试图创造一个完美的孩子，向世人展示自己身为父母的完美。你可能被警告不要表现出情感，因为情感表明你不完美。也许你也因为做得好而获得回报，但是这只会让你为了满足完美主义的父母继续做一些让你感到有压力的事情。你可能会被告知，只要你"看上去不错"，按父母的意愿做事，你就可以做到所有事情。保护完美的家庭或父母形象，可能会让你优先满足父母的需要，然后才满足自己的需求。

结果，你可能已经产生了依赖无能的特质，让你觉得自己很有能力（尽管你可能会经常担心失败），但你可能不会觉得自己值得被爱。你可能会意识到你正被当作一个满足父母的愿望和梦想的对象——这是父母认可和肯定的代价。你可能有很多压抑的愤怒和悲伤，因为你真实的样子不被人爱，同时，你会产生防御，帮你避免感受这些情感。为了回应真实自我的丧失，那些有依赖无能问题的人常常夸大虚假的自我，试图让这一切看起来像是真实的。在内心深处，他们感到支离破碎，害怕在亲密的情感关系中冒险，因为这可能会唤起旧有的感受。他们几乎没有时间和精力去关注另一个人，如果依赖无能行为的人试图建立亲密关系，他们可能会担心由此带来的严重后果，例如被遗弃或被拒绝。许多依赖无能行为模式的人都沉迷于完美或至少"看上去"完美。这可能是他们从完美主义的父母那里得到认可或肯定的唯一方式。

依赖无能的核心防御观念

发展创伤给人们留下了深刻的印迹。孩子们认为，成人不能满足他们的需要时，就会在内心产生一些错误信念，这些信念带来的创伤尤其会影响他们成年后的思想和信仰。"问题解决"一栏的内容列出了在依赖无能问题上挣扎的人们身上发现的一些共同信念。

问题解决：常见的自我挫败信念

- 如果我非常重视对方，我就会迷失自我。
- 如果我听信别人说的话，我就会失去自己的信仰和自己观念的话语权。
- 如果我亲近某人，他会看到我多么不讨人喜欢。
- 如果我倾听别人的感受，就可能会激起我自己的情感。

- 如果人们了解我，他们就会看到我有多脆弱，而不会尊重我。

- 如果我向某人敞开心扉，他们会抛弃我，我可能会死。

- 如果我哭泣，我将永远无法停止哭泣。

- 如果我生气，我可能会杀人。

- 如果我表达我的痛苦，痛苦将是无止境的，我可能会发疯或死亡。

- 如果我无法忍受被拒绝的痛苦，我不知道会发生什么事。

- 如果我不能控制一切，我得不到我想要的。

- 如果我不能控制一切，人们就会利用和控制我。

女性的屈服

屈服就是放手，它有两种形式：男性的形式是对自己的生活负责而不感到内疚；女性的形式是为了从别人那里获得信息、爱和关系而不加抵触地判断。一般来说，女性更擅长女性的形式而不是男性的形式，相反，男性可能了解男性的形式，但女性的一面尚未发展。对男女来说，为了建立亲密的关系，发展这两种形式的屈服都是很重要的。

依赖无能者很难不加阻力地接受，所以他们往往不会有同情心。通常，他们甚至在听到具体内容之前就已经做了预判，他们拒绝接受他们认为的别人批判或威胁的话语。这反映了他们内在的保护系统。因此，与依赖无能模式斗争的人们必须学会放手，倾听别人说的话而不是去抵制它。如果你从某人那里得到快速或消极的反应，你就知道你说的话已经被评价过了，但可能没有被仔细地思考过。

放弃快速判断的倾向是建立和维持亲密关系的一项重要技能。下面的案例说明了这一关键点。

案例分析

这份一手资料讲述了我们的来访者道森（Dawson）是如何改变自己的。我们要他讲述自己的故事，讲述他是如何发现自我，以及后来如何改变许多依赖无能的行为模式的。

"第一次了解到人们的早期发展需求时，我非常沮丧。在我的出生过程和早期的童年经历中，我很少或没有得到那些对健康和成功发展必不可少的元素。

"我是通过剖腹产出生的，家人没有参与到我的出生过程。母亲告诉我她的感受，她觉得我很丑，不是特别喜欢抱着我或照顾我。显然，我没有接受过足够的养育。事实上，我是按照1940年流行的育儿方式被养大的。据我母亲说，父亲质疑我是不是亲生的，对我没有多大兴趣。

"同父异母的姐姐比我大10岁，对我表现出一些兴趣。然而，她对我的身体虐待和性虐待使我无法与她保持健康和真正的养育关系。在童年的记忆中，在我迫切需要满足某些需求的过程中，我的肺炎反复出现。我经常不得不被送到医院，并放在氧气罩下。

父母觉得我给他们带来麻烦和不便，母亲告诉我，她不止一次想让我去死。

"我和我们家的狗关系相当好。它总是保护我，以至于我4岁时，母亲都曾想要丢掉它。那时，我让自己沉浸在生活的孤独寂寞中。

"3岁时，父亲离开我去参加第二次世界大战。后来，我成了家中唯一的男性力量的代表，也成了母亲和姐姐之间竞争的对象。她们对我身体的虐待使我对女人产生了深深的不信任。这些虐待经历也成为性爱、身体接触、养育以及女性性犯罪者模式的基础。父亲参战后，母亲有了一位情人。战后，父母试图调解他们之间的分歧，但婚姻最终以离婚告终。

"我的家庭形态最终变为背叛和失败，姐姐和母亲痛苦地斗争。姐姐聪明而有天赋，16岁就离家了。我很快就失去了与她的联系，母亲和我都不知道她的下落、生活或境遇。

"7岁的时候，我被送到一所男生预科学校，母亲会不定期地和我通信，父亲每隔一两周就去看我一次。我的生活感受是孤独和孤单。其中，一个年长一些的男孩和我'交友'。后来，他带我到学校附近的树林里强奸了我，还威胁我不要告诉任何人，否则他就要我死。我已经有了保守家庭秘密的经验，保守自己的秘密也已经有43年了。

"我记得强奸事件发生之后，我在学校的医务室里，怒火中烧。我可以保守秘密，但控制不住自己的愤怒。我觉得被父亲背叛了，他应该来保护我。我觉得被朋友背叛了，开始对男性友谊产生了不信任的态度，发现自己与男性性犯罪者有了联系。8 岁的时候，我感到孤独、不安全、不值得，并推论是我自身有问题。我已经成为一个羞耻的人。

"我设法掩饰自己的羞耻，顺利地从大学毕业，后来又成了一位成功的商人。我仍然很难与男性相处，看着雇主、同事、来访者都像是男性性犯罪者。我的'成功'来自于我把自己置于'低人一等'的意愿和倾向。我没有受过正式的商务培训，所以经常扮演学生或学习者的角色，并且很好地建立起相当成功的业务关系。我也变得善于将自己伪装得很有力量，有能力为雇主谈成有利的商业合同。内心深处，我对自己在公司中的地位感到不安和无力。大部分时间里，在商业环境中遇到的人都会让我感到恐惧。最后，当我被要求做出与我自己的价值观和正直感相冲突的商业决策时，我不得不离开商业领域。

"我曾结过两次婚又都离了婚，对方都是非常了解我内心深处的痛苦的女性。我觉得是因为我们有相似的虐待经历而惺惺相惜。虽然在这两种关系中都有很大余地来治疗，但因为我们缺乏必要的技能和指导，所以无法让现在的做法更进一步。

"然而，背叛、忽视、不信任、对亲密的恐惧、虐待、破坏、失败和否认的模式，在我的生活中一次又一次地上演。最后，我离开了商业领域，在大自然中避难。我与大自然的联系一直贯穿我的一生。我也开始通过瑜伽和冥想来培养精神生活。这些活动有助于减轻我在人际关系中经历的那种孤独感和分离感。我内心对未满足的发展需求的渴望和动力，加上我对亲密关系的不信任和恐惧，在依赖共生行为模式和依赖无能行为模式之间不断往复。我成了亲密互动的大师。我可以用亲密来支持我的功能障碍，同时也是治疗的关键。我在互动关系的依赖共生部分经历过的悲伤、沮丧和缺乏满足感，都是我所熟知的。当进入依赖无能阶段时，我就会产生治愈的幻觉。

"由于我不清楚的原因，可能是通过一种恩赐，我把自己视为一个痊愈和快乐的人，以及一个痊愈和功能良好的家庭、家族、社区和社会里的一员。在这里，我成为一名参与其中的创造者和合作伙伴。对这一理想的追求引导着我踏上非凡的人生之旅，在这里我经历了悲伤、绝望、失败、挫折和失望。它也给了我深刻的共情和理解，现在支持我帮助他人治愈童年创伤。

"大部分时间里，我都是一个精神的追求者和发现者。近年来，我是一个祈祷者。我与精神导师和美洲土著后裔的老师一起工作，我更多地了解我与这个世界上所有生命、事物以及精神世界的联系。美国本土习俗也向我展示了我生活中的仪式和祈祷的价值和力量。

"美国本土传统的培养下，我意识到我对地球母亲的紧密联系。我在这片土地上，长时间接受她的养育和安慰。她成了可以给我带来可靠的安慰和疗愈的母亲。多年来，她一直是我育儿理念的主要来源。

"直到最近，我才冒险再次与人们建立联结。我知道我的人际关系的唯一的模式是与性犯罪者建立联系和虐待关系。然而，我从来没有找到过能让我有足够安全感的人，也没有找到真正充分了解童年创伤足以让我改变这种模式的人。

"与他人的分离和孤立愈演愈烈，最终，我无法忍受下去。我从生活中的冲突和痛苦中了解到，童年时期尚未解决的问题正在破坏我的成年。之后，我遇到了巴里和贾内，阅读他们关于依赖共生的著作，看到他们的治疗方法，我决定和他们一起开展治疗。与贾内的第一次会谈大约有45分钟，她在我哭的时候抱着我，让我释放了多年以来被虐待、遗弃、忽视和拒绝的痛苦。第一次，我在生命中感到足够的安全，让我放下防御，在比以往更深的层面上，让人看到我的痛苦。这也是我第一次让自己得到别人的安慰。之前，我的内心总会退缩，或者在土地上走向我的地球母亲。

"随后，在与巴里和贾内的谈话中，我和他们做了一些矫正性的工作。我要求被人拥抱、反映、唱歌给我听和欣赏我。有两个安全、有爱、可靠的人弥补我缺失的发展性需求，让我在内心深处得到治愈。第一次，我在生命中体验到被一个不是性犯罪者所爱是一种什么样的感觉。我现在知道这两种与联结有关的感觉是安全和爱、不安全和虐待。因为我现在可以分辨健康和不健康的联结的区别，所以我有选择。如果这段关系安全健康，我知道我可以留下来。如果这段关系让我感到过去的不安全和不健康的影子，我知道我需要尽快离开。

"突破过往的模式，50 岁时，我为自己开启了一个全新的世界。在我生命的此时此刻，我开始相信，我能选择我的原生家庭，不以任何'环境的受害者'的方式看待自己，我很感谢自己有机会活着去认清我理解的命运模式。我知道，鉴于父母的历史和条件，他们已经竭尽所能了。"

技能培养：学习变得具有同理心

言语和非言语行为是学习同理心的重要组成部分。这些行为包括开放的移情、换位思考、同理心的倾听、追随和反思性倾听。

开启同理心

- 消除你们身体之间的任何障碍，如书桌或桌子。
- 尽量减少环境干扰和噪音。
- 找到自己与他人之间的舒适距离。
- 保持开放的姿势，不要交叉手臂和双腿。
- 直视对方，保持良好的目光接触。
- 倾听他人时，稍微向对方倾斜。
- 如果对方表现出不适，请移开视线。
- 尽可能地模仿对方的身体动作。
- 避免分心的动作和手势。

同理心的倾听

人们使用的动词是视觉、听觉、动觉（运动相关）或本体觉（与感觉有关的感觉）。注意他们最常用的动词，并用相同的感官动词做出反应，这样会使他们感觉更好。例如，如果我说，"我清楚地看到了整个问题。"（视觉）你可能会回答："这样你就可以看到全局吗？"如果你回答："我听说你对这个问题有了更好的感受。"我不会感到被理解。这有助于把注意力集中在对方的话上，而不是利用这种情况进入你自己的话题。（例如，不要改变话题："这让我想起了……"）

追随

这是另一种倾听技巧。下面是一些常用的会话辅助工具，鼓励有意义的对话：

* 开门见山有助于开启与某人的谈话。例如，告诉另一个人："我对你的想法感兴趣。"或者"你想谈谈你的感受吗？我会听的。"
* 最小的鼓励也使事情顺利进展。比如说："告诉我更多"或者"真的吗？""然后呢？"或者只是说，"嗯，嗯……"这些都是在说"请继续说下去"。
* 开放性的问题有助于你继续交谈。更有效的说法是："发生什么事了？"而不要说"你难过吗？"这并没有给讲话者更

多的空间来扩展信息。

- 专注的沉默会让说话者思考他说过的话。起初，这些可能会让人不舒服，但是如果你经常使用它们，它们就会成为沟通的天然的一部分。

反思性倾听

- 释义是一种简洁的回应，它能捕捉所说内容的本质，但是用的是你自己的话。使用自己的语言，这样你就不会像是在鹦鹉学舌。

- 反思性回应能捕捉话语中的情感或感情。例如，朋友可能会说："我不知道该怎么办。每次我认为我马上就要得到这份工作时，往往就会选中别人。"你的反应可能是："你听起来真的很沮丧和灰心。"

- 反馈意义的过程中应包含情感和内容。使用上面的例子，结合情感和内容的回应可能是"你在求职过程中似乎感到沮丧和灰心，有时候你可能会想放弃"。主要的信息应该是："你似乎感到_____，因为_____。"请始终将你的反应视为暂时的，以便人们会同意你的说法，如果不合适的话，你还可以纠正。这有助于提高交流的清晰度。

- 如果你已经涵盖了很多想法、情感、话题或将要结束谈话时，总结性反思是有用的。总结性反思是对长时间谈话中表达的主要思想或感情的简要重述，这样做会证实你仍然和对方在一起，这可能会有助于澄清谈话者的主题。你可能会说这样的话："看看我的理解是否正确。你说的是 _____ 和 _____，对吗？"你可能会说，"在我看来，所有这些都是你主要关心的问题。"

反思性倾听练习

看看你能在下面的练习语句中识别出什么样的感受。读完每一句话之后，用一两个词来描述他们的感受。无关上下文。完成后，比较你的答案和我们的答案（在本练习结尾处列出的），然后决定哪些答案最能反映没有明确写出的感受。

人们说的话	感受
1. "今年夏天我想去度假，但我不知道我是否能负担得起。"	
2. "她觉得自己很聪明。不就是升职了嘛，有什么大不了的！"	
3. "为什么事事针对我？我似乎从来没得到过我想要的。"	
4. "我真傻。如果你没有帮助我，我都不知道该怎么做。"	
5. "这是我拥有过的最好的一段关系，我真的不想失去它。"	
6. "哎呀，今天没什么好玩的。我想不出任何想做的事。"	
7. "看，我刚给自己买了一件新衣服，你觉得怎么样？"	
8. "没有人愿意做我的朋友。因为我不能为他们提供任何帮助。"	

反思性意义练习

重读"反思性倾听练习"中的每一句话，并写出对说话者的反思性回应，捕捉感受的本质和意义。

反思性倾听练习的答案：

1.恐惧　2.愤怒　3.悲伤或幸福　4.羞耻或幸福　5.幸福或恐惧　6.恐惧或愤怒　7.兴奋　8.恐惧

总结

· 你的防御机制阻止人们接近你，这是有原因的。

· 重要的是，你要确定是什么原因导致你建立起这些防御系统。（只有你知道哪里出了问题，才能真正地解决问题。）

· 一旦了解了防御的方式和原因，你就可以学到新的技能帮你在人际关系中建立并维持更多的亲密。

· 学习如何变得更有同理心，会帮助你在人际关系中建立更多的亲密。

♡ 6 边界设置

记住，没有你的同意，没有人能让你感到自卑。

——埃莉诺·罗斯福

边界提供了一种结构，防止人们进入彼此的空间，帮助你识别什么是"你的"，什么是"我的"。边界就像邻居的篱笆一样，正如罗伯特·弗罗斯特（Robert Frost）曾经写过的："好篱笆造就好邻居。"适当的边界允许你在身体上、精神上、情感上和心理上分开，并在人际关系中创造安全感。人们会与有边界的人一起学习如何创造边界。边界清晰的家庭可以帮助孩子快速地区分雷区/非雷区。当边界模糊或不一致时，找到两者不同的边界是非常困难的。

一旦确定了你想要的明确边界，你可能会经历更多的冲突，因为他们每次跨越边界时，会听到你的警告。虽然这听起来可能不大好，但事实并非如此。你让别人知道你的"篱笆"在哪里后，对方就会更加清晰地认识他自己的。你善意而明确的方式会告诉对方，他无意间越过了你的个人边界，会让他有一定清晰的认识。你可能是让对方第一次认识到边界的重要性的人，也是让他知道如何创造边界的人之一。如果你把边界设置的工作当成一种"学习"体验，对你自己和其他人来说，就没有必要为没有边界和不得不认识边界而感到羞愧。

身体边界帮助我们感受和控制自己的身体，保护我们免受虐待、性侵和过于亲密等形式的侵犯。当人们缺乏边界时，他们会通过采取防御姿势或增加肌肉甚至脂肪，保护自己的身体免受潜在的空间侵犯。情感边界让你能体验自己的感受并表达出来，并认识到你和他人的感受的区别。心理边界会让你拥有与他人不同的思想和观念。精神边界帮助你认识到自己寻求超越的那一部分，或者与一些高于自身的力量建立联系。

边界：依赖无能的视角

具有依赖无能行为的人常常要努力创造适当的边界。他们在成长过程中如此需要被保护，以至于他们不得不建筑围墙。然而，他们常常学会采用"我会在他们抓到我之前先抓到他们"的态度，跨越他人的边界来保护自己。与具有依赖共生行为的人的经历相反，具有依赖无能行为的人缺乏边界，易被他人侵犯。他们经常需要学习如何在自己周围画出适当的边界。

治疗中的边界问题

我们发现，具有依赖无能问题的来访者的个体治疗，通常会比具有依赖共生行为的来访者的治疗时间更长，因为依赖无能者往往很少触碰他们的感受。具有依赖无能问题的来访者开始治疗时，我们首先会支持他们保持严格的边界。这种方法能让他们看到行为中的正确之处。这种方法很重要的原因有两个：第一，它让人们看起来还不错，并减少人们在进入心理治疗时常常会产生的焦虑，焦虑来源于他们会在某种程度上被评判或发现自己有缺失；第二，它有助于来访者在与治疗师的关系中产生安全感，使他们能够逐步摘掉膨胀自我的虚伪面具，渐渐地，他们感到足够的安全，暴露内心受伤的孩子。对于具有依赖无能问题的人来说，重新解决问题尤其重要，因为像大多数来访者一样，他们期望治疗师能够承担起"批判父母"的角色，告诉他们做错了什么以及错得有多离谱。

我们发现，具有依赖无能问题的来访者最初需要这种支持，而不是对抗和批评，因为这有助于创造他们在儿童时代需要的但是从来没有得到过的安全环境。在一个安全和支持的环境中，他们可以探索最初建立严格边界所需的环境。一个安全的环境也有助于验证童年期间经历过虐待和侵犯的人的未满足的依赖无能需要。确认"虐待"是帮助他们正确认识自身经历的重要一步，尤其是如果他们把自己从受伤的内在孩子中解放出来的话。

在治疗中，帮助那些有未满足的依赖无能者需要的人认识到，他们在生命早期建立围墙的决定是不必要的。当他们如此之早和频繁地遭遇侵犯时，他们就失去了创造边界的能力。只是说出这一事实就会使许多来访者明显放松身体的紧张情绪并且软化铠甲。我们进展得非常缓慢，鼓励他们保持自己的围墙，直到他们感到安全为止。我们承认他们被侵犯的过往，尽我们所能避免他们在生活中扮演施害者的角色。

这种支持性的方法常常会为这些来访者创造一种新的体验，使他们能够安全和自由地探索改变的症结和方法。作为一个孩子，自恋创伤往往源自依赖无能发展阶段。因为在这一阶段，他们总是处于应激状态，随时准备着应对身体或情感的伤害或潜在的侵犯威胁。渐渐地，他们会建立信任、创造安全、建立融洽的伙伴关系，而不是建立起一种权威关系。这对于在依赖无能发展阶段患有创伤的来访者开展成功的治疗关系至关重要。

作为一名来访者，你可以通过在治疗中处理这些想法来帮助你摆脱困境，最合适的做法是选择支持治疗师为你制订的治疗计划。你与治疗师的关系可以成为你以忠诚、有意识和合作的方式来满足依赖无能和依赖共生需求的几种关系之一。

创造适当的边界

依赖无能需要未能得到满足的人往往高度警惕，留意下一次侵犯或虐待事件。在高度警戒的状态下，他们经常错误地将看到的行为认定为潜在的攻击或侵犯的最初迹象，并采取相反的行为阻断对方的道路。这种防御性的反应和"我会在你抓到我之前先抓到你"的行为，经常会使他们侵犯他人的边界，让他们看上去咄咄逼人。如果你有侵犯的问题，你可能携带有过往需要释放但尚未被释放的愤怒。

释放愤怒

- 释放幼儿时期因为被侵犯 / 抛弃而储存和压抑的感觉，这样可以减少意外暴露它们的恐惧。

- 在治疗或安全的关系中释放你的愤怒，而不是独自一人待着。

- 学会区分真实和想象中的威胁。

- 使用感知检验来区分真实和想象。（参见第 7 章）

- 请记住，没有人能让你感到生气。

- 负责创造你的感受。

- 监控你是否跨越了他人的边界，以此来保护自己的冲动。

- 学习防御性的行为，在身体受到攻击时自保，而不是伤害攻击者。

- 请记住，报复会导致暴力进一步地升级。

- 请你爱的人帮你停止侵犯或攻击他人的行为，因为他们可能会比你更早地了解到你的侵犯。

- 当你意识到你已经越过某人的边界时，尽快地改正。

- 你要表现出和平解决问题的意愿。

边界的种类

如果你想建立和维持亲密关系，你需要在四个方面建立健康的边界：身体、情感、精神和心理。我们需要了解每种类型与依赖无能问题的关系。

身体边界

身体边界让你对自己的身体和财产拥有控制权，决定了别人如何接近你。身体边界会让你说出你想要以什么样的方式、在什么时候接触别人以及想要接触谁。

有依赖无能问题的人的身体边界，经常会被某种形式的虐待不断侵犯。他们可能会被打屁股、敲打、拍打、殴打、嘲笑、羞辱或恐吓，最终被他人控制。父母可能打着爱和感情的幌子，甚至可能通过戏弄、触摸、挠痒、亲吻和欺骗的方式侵犯他们的孩子。

这种侵犯体验的结果是，儿童通常会学会两种反应。一是避免所有的身体接触，不允许人们接近，也避免靠近他人。成年后，他们通常不会喜欢被依偎、拥抱和其他养育的活动，除非是性行为的前戏。二是跨越他人的边界，使他们能够保持攻势，处于有利地位，从而以这两种方式满足自身利益。

跨越边界，特别是与儿时经历的虐待方式类似时，他们会无意识地传递自己的痛苦到下一代身上。这种虐待孩子和痛苦的传递被称为"残酷的恶性循环"。有未完成的依赖无能问题的人会发现，向施虐者表达自己真实的感情是不安全的。相反，他们把愤怒发泄给那些更为弱势的人。侵略他人的第二种方式是为那些有未满足的依赖无能需要的人提供服务，帮助他们压抑旧的感受，避免直面自己的需求。

治疗身体虐待造成的情感创伤，学习建立健康的边界，首先需要关注你和周围的人的身体。当你预料到身体将遭遇侵犯时，注意你的身体会有什么样的反应。你会退缩、僵住或退出？你屏住呼吸了吗？一旦你注意到这些线索，你可以暂停一下，看看你有哪些真正的选择。

旧有的选择还可能包括将攻击升级以迅速打压你的对手，或者基于恐惧和愤怒建立防御围墙或者逃跑。这些是肾上腺应激造成的本能的反应，我们可能会表现为战斗、逃跑或冻结。新的选择可能包括使用自信的"我"开头的话语来保护你，也允许你和其他人保持联系。比如说："你问都没问就借走我的车时，我感到愤怒和侵犯。我希望你在使用或借用我的任何东西之前先征得我的同意。可以吗？"或者"当你触摸我的身体的时候，我……"

情感边界

情感边界指的是我们在情感层面上如何与人交往。拥有健康的情感边界能使我们将自己的感受和他人的感受区分开来。

有依赖无能问题的人经常否认自己童年的感觉和别人的感受，以此来保护自己免于再次感受。以下是人们侵犯他人的情感边界的一些常见方式：

- 折扣涉及贬低或低估一个人的思想、情感和行为。

- 重新聚焦是将注意力从一个人到另一个人，以逃避对某事负责。

- 操纵包括使用间接的沟通，比如戏剧三角的间接沟通，以试图满足你的需要。

- 转移注意力是将注意力从最开始的感觉上转移，就像是把情感上的麻烦传递给其他人一样。

折扣和重新聚焦的例子是："哦，你没有生气。你只是有点心烦。""当事情发展不顺时，你很容易心烦意乱。""你应该为你的坏脾气做点什么。""你为什么要小题大做？我只是在开玩笑。"遇到类似的情感操纵是很痛苦的。这种防御使其他人失去平衡，难以保持自己的感情、维持自己的专注。

治愈情感侵犯的创伤需要你释放童年时旧有的、未解决的问题和压抑的感受。最好的做法是与治疗师和伴侣保持在一段未定的关系中。一旦这些旧感情被释放——在一个安全和支持的环境中——就更容易制止侵犯情感边界有关的虐待的恶性循环。改变这些破坏性的依赖无能行为还需要你理解情感的功能，以便你可以适当地使用它们。

心理边界

心理边界涉及我们如何看待世界，让我们认识自己的价值、信仰、想法、欲望和需要，以便我们能把自己的看法和经验与他人区分开来。

一种常见的与未满足的依赖无能需求相关的心理边界的侵犯，是定义他人的现实。那些具有依赖无能行为的人往往认为他们很了解世界，特别了解子女、伴侣和下属，从未有过质疑。另一种常见的心理边界的侵犯是打断正在讲话的人，阻止他们完整表达自己的思想。惩罚、嘲笑和对别人提议也是侵犯心理边界的常见行为。

将他人的想法定义为疯狂或愚蠢，也是具有依赖无能问题的人们侵犯他人心理边界的常见方式。卡尔·罗杰斯的一个声明，我们可以解释为：如果我们接受了自身作为人类生存的基本事实，我们就会看到自身生活在不同的现实中；如果我们能够将这些不同的现实看作是世界历史进展中最有希望的资源，以便互相学习；如果我们能够共同生活，同时又不惧怕彼此之间的相互学习；那么，一个新的时代很快就会到来。

否认是心理侵犯的另一种常见形式。有依赖无能问题的人不仅否认自己的问题，而且也否认他人的看法，以此作为维持控制和支配的一种方式。治愈童年时期因心理边界被侵犯造成的创伤，你就需要培养一种更强烈的客体恒常性：即使他攻击你的观念和想法，或者你犯了一个错误，你也知道你是有能力的。

发展客体恒常性和治愈旧创伤需要在自己内部创造一个安全的空间，在那里，你可以探索自己的想法、信念、看法和体验。在那里，你还可以开始构建自己的方式看待这个世界以及原生家庭之外的世界是如何运作的。写日记是完成这些工作的一个很好的方法，因为它能帮你满足需求，做到完美，使自己看起来很不错，并让别人认可你的成就。你在日记中记录这一切时，你只与自己有关。

建立有效边界的另一个重要途径是制定和保持有效的协议。有依赖无能行为的人常常在协议的这两部分中都有麻烦。首先，他们经常未能达成协议，因为他们想让自己看上还不错，不遵守协议是因为不想被控制。当他们违反协议时，他们往往会把责任归咎于他人或超出自己的控制，拒绝承担破坏协议的责任。

精神边界

精神边界能让你体验更高级、更超然的自我，让你感受到宇宙中具有更强大的力量，有统一性和无条件的爱。精神边界也有助于你发展精神客体的恒常性，即使你感觉到自己的不完美，也可以无条件地爱自己。当孩子在精神上受到侵犯时，他们常常会因为自己的虐待或忽视而自责，无法爱自己，然后脱离自己的精神自我。精神上的侵犯往往被认为是最可怕的。

恐惧是羞耻和害怕的结合，包含高度控制的行为，要求完美主义，还有死亡的威胁。诸如"上帝会惩罚你！"之类的话和"你会因此堕入地狱，在地狱中被焚烧！"等语句是很多有依赖无能问题的人童年时代常见的精神恐吓形式。作为残酷的恶性循环的一部分，他们可以将相同的精神武器用于他人，特别是自己的孩子身上。然后，孩子们学会把上帝和父母视为暴力的、不可预知的、惩罚性的。这样，只有当有未满足的依赖无能需求的人试图控制他人时，他们才会将上帝视为盟友。

具有依赖无能问题的人们通常使用的另一种形式的精神侵犯是"扮演上帝"。他们把自己放在神座上，拒绝透露自己的人性。这种立场将自己认为的现实不加判断地强加给他人，而这侵犯了那些想要爱心和善意或要求安慰的人的精神边界。

相比其他任何类型的边界侵犯，改变精神边界的侵犯行为通常需要更长的时间，因为它们会伤害人们的精神。触及受害者的灵魂需要很多技巧、耐心和无条件的爱。 改变精神上的侵犯所造成的伤害必须以温和和同情的态度进行，可能需要几个小时的倾听，在无条件的积极关注下与他人互动，同时揭开他们的伤口。优质的心理咨询甚至可以鼓励来访者原谅那些侵犯他们的人。当伤口最终愈合时，就会有充足的空间供爱涌入和流动。十二步骤疗法中，有时会描述其为"精神的觉醒"。

案例分析

杰夫（Jeff）有许多典型的依赖无能行为。他既聪明又自信，但在亲密的情况中遇到了困难，他尽可能远离情感。他封闭了自己的感情，建立了边界，以避免亲密的发生，因为他担心自己会受伤。在治疗中，我们探索了他恐惧亲密关系背后的原因，寻找童年时期被侵犯边界的事件。最近，他想起了童年时期的一次性虐待事件。性虐待是最有破坏性的边界侵犯行为之一，因为它跨越了所有的层面：身体的、精神的、情感的和心理的，给受害者留下永久的伤痕，他们常常感到被恐吓。

杰夫比哥哥小 8 岁，他 6 岁时受到哥哥性侵。这段经历对杰夫来说很痛苦。然而，他告诉父母这次的虐待事件时，他反而被指责了。父母的态度让他感到震惊和受伤，母亲甚至还用殴打和羞辱来惩罚他。父亲不再理他，丝毫不维护他。

会谈中，他谈到了这一事件有两个问题需要处理：他对哥哥的愤怒，对父母没能支持他的愤怒。他说："我真的需要对我的哥哥生气，但我不能。对我而言，生气依然非常困难。"（这告诉我们，生气是杰夫处理问题的一个重要部分。）

贾内问："你在脑海有一幅自己对哥哥生气的画面吗？"杰夫想了一会儿，然后摇了摇头："不，我没有。"（这说明，杰夫还没有准备好面对加害者。如果准备好了，他脑海中会有一些画面。所以我们转移了话题。）

巴里说："也许你需要先处理缺乏父母支持这一问题，然后才能解决你和哥哥之间的问题。"正如巴里说的那样，杰夫侧身向后倾斜，用手托着下巴。（托下巴的动作表明，巴里应该和父母一起探讨与支持有关的问题。）

巴里问他是否愿意和父母一起解决支持的问题。他想了一会儿，然后说想布置一个场景，向父母控诉他遭遇的虐待。他让我们扮演父母的角色，我们同意了。然后巴里问杰夫他想从角色扮演中得到什么。杰夫说他想以一个新的结局来重演这次经历：他希望得到父母的支持，也希望他们能保护自己免受哥哥的伤害。

巴里问杰夫，扮演他的父亲要做什么。他说："我希望你警告哥哥，然后保护我不受妈妈的批判和羞辱。"此时，巴里转向假想的哥哥，警告说："你放开杰夫！你没有权利这样做！马上离开他，不要再这样对他了！"（这时，杰夫已经走到巴里身后，缩成一团，好像在躲着哥哥，看起来就像是一个七岁的小孩。）

然后巴里转向杰夫，问他正在做什么。他说，"我很害怕，爸爸。你能抱着我吗？"巴里抱着他，告诉杰夫，当杰夫需要父亲时，父亲没能保护他，他感到很难过。巴里还向他保证，他不会让哥哥再次伤害他。

巴里问杰夫需要做些什么来解决他和母亲的问题时，杰夫说，"你能帮我去和母亲交涉吗？告诉她批判和羞辱我让我很受伤。"巴里说他会的。

两人走向扮演母亲的贾内。杰夫开始说母亲说的那些话如何让他受伤，以及如何影响他。他一边说话，一边慢慢地在巴里身后移动，直到他完全看不到母亲。巴里转过身来看着杰夫说："你好像躲在我身后，是在害怕吗？"

得到巴里的帮助后，杰夫看上去放松多了，他说："你能为我和她谈谈吗？"（杰夫需要形成一种恰当的方式发泄对母亲的愤怒，这样他才能在以后与哥哥正常交流。）

巴里告诉杰夫的母亲（贾内），"如果你再这样打他，我会把你列入虐待儿童的黑名单里。你对杰夫所做的一切都是虐待，必须马上停下来。"此时，杰夫说他担心母亲会离开，担心会失去她。巴里又补充说："这个男孩需要真正的母亲和父亲。如果你不知道怎么抚养他，可以问我。"

杰夫开始躲在巴里身后与母亲交谈，告诉她发生这件事时的感受，并请求她支持自己的感受，而不是批评他。她能回应他的请求，然后杰夫开始放松，从巴里身后走了出来。（这时，巴里知道杰夫正在整合形成一个内部的保护者，不再需要自己扮演的父亲角色。）

我们问杰夫是否从会谈中得到了想要的东西，他说是的。他现在知道合理的愤怒是什么样的，终于得到一直想要的父母的保护。（对于杰夫来说，这些都是发展中最重要的缺失，他需要在未来的场景中为自己辩护，而在过去的情景中他会受到伤害。）

培养能力练习：建立边界

在这个练习中，你将学习如何创建适当的边界而不是围墙。你也能体验到入侵和被入侵的感觉，并确定你感到最舒服的角色。在练习结束后，你将学会如何提高和降低你的阈限，这将使你在需要保护时得到保护，并在你想要亲密时得到亲密。重要的是，在你完成这个练习的过程中，你要始终注意身体发生的变化。

使用说明：完成这个练习中，你最好在地上铺一块毯子或垫子，你可以用手指在表面上留下印记。你需要一个搭档来完成这个练习，按照下面的一系列指令，每个人轮流参与其中。选择好一个搭档后，两人面对面坐下，决定谁先扮演被入侵者，谁先扮演入侵者。扮演被入侵者的一方将首先完成整个练习。最初，搭档扮演入侵者的角色。练习结束后，你们交换角色，以便双方都能体验这两个角色。在练习中你会找到每个角色的方向。

步骤1　没有边界

这部分练习的目的是让你真实体验没有保护边界的感觉。搭档坐在你对面大约三英尺远的地方，开始对你进行攻击性或威胁性的非言语行为，他应该带着某种意识慢慢地向你移动。你要注意有人毫无预警地接近你时，你会浮现什么样的感觉，你注意到身体有什么样的反应，你的脑海中涌现出什么样的想法。

步骤2　边界

在这部分练习中，你会了解拥有边界是什么感觉，了解提升建立边界的意识会是怎样的感觉。这一过程中，你会了解你和伴侣之间的边界，你会注意到某人未经允许而越过你的边界时，你会有怎样的体验。

一方：　坐在地板上，想象在自己周围画一个圆圈。如果可能的话，用你的手指去追踪地毯上的圆圈，或者用绳子、杂志、枕头或任何手边的东西形成一个圆圈。你可以感受一下周围存在这样的圆圈（边界）是什么感觉。

另一方：感觉一下圈子之外的感觉，感受一下没有搭档那样的边界是什么样的感觉。

一方：　　当你创造了你的边界（真实的或想象的），告诉边界之
　　　　　外的伴侣可以开始扮演入侵者了。

另一方：用一只手轻轻地越过搭档的边界。每个人都应该注意扮
　　　　　演特定的角色（入侵者和被入侵者）时的感觉，问问自
　　　　　己是否喜欢扮演的角色。

步骤 3　建立保护的边界

　　这一部分的练习是为了认识适当边界的外观和感觉。

一方：　　使用你周围建立的边界为基础，现在假想一个完全包
　　　　　围着你的蛋壳形状的球体。当你在精神安置了这样一
　　　　　种球体时，注意在你周围有这种假想的保护给你带来
　　　　　什么感觉。接下来，用你自己的能量来给你的球体充
　　　　　气，通过快速吸气和呼气的深呼吸，从全身散发能量，
　　　　　或者想象球体中充满了某种颜色、声音或其他舒适的
　　　　　支持。

另一方：在你处于这个保护壳中时，注意你和搭档隔离时的感受。
　　　　　你注意到你的情绪高涨了吗？你有何种类型的反应？

步骤 4　保护你的身体边界

　　在练习的这部分中，你将学习如何保护自己的身体边界免受
侵犯。

一方：　当你的保护壳充满保护能量时，请你的搭档朝着你的保护壳缓慢地伸出一只手，侵犯你的空间。当这只手向你靠近时，你可以用两种方式保护自己：第一，你使用保护壳中的能量使搭档无法穿；第二，如果对方的手伸进你的保护壳里，用你的手做一个反击的动作阻挡同伴的手。你要用足够的力量阻止侵犯，并维护自己的力量。如果你没有抵挡迎面而来的能量，你就让自己成为一名受害者。如果你战胜了迎面而来的能量，自己就会成为一名侵犯者。

另一方：以适合他的方式侵犯你的搭档。如果你与一个胆小的搭档合作，那么使用较少的力量；如果你与一个强大的搭档合作，那么你可以使用更多的力量。

步骤5　保护你的心理边界

这一部分练习的重点是心理边界而不是身体边界，让别人来定义你的本质，他来告诉你你的想法或者给你负面的信息，让你怀疑自己和自己的能力。

一方：　思考一下，别人对你说的哪些话会让你对自己的思考能力失去信心。你要和搭档分享这些信息，他们会在练习中使用这些话，试图侵犯你的心理边界。也许这些话会说你愚蠢、蠢笨或疯狂。现在，你站在或者坐在边界之外与搭档分享这个信息。然后回到保护壳中，确保保护壳充满了能量或填充了任何形式的保护力量。搭档会重复你和他分享的信息，同时保持你的保护壳的安全。当你的保护壳准备好了，向搭档表明你已经准备好了。

另一方：说出搭档与你分享的令他不安的话语。你可以使用不同的语调重复，然后加上自己的改变，直觉上的感受会与原本的信息一致。

一方：　继续保持你的保护壳坚不可摧。使用你创造的保护装置（颜色、声音、能量）来击退搭档试图跨越你的心理边界的企图。你可以闭上眼睛，远离搭档，或者如果需要的话，唱一首歌给自己。当你成功做到这一点时，你可以让搭档停下来。如果对方的话开始穿透保护壳时，让他停下来等你再次给保护壳充满能量。继续完成这个练习，直到你知道你可以毫无困难地保护自己免受心理侵犯。

步骤6　保护你的情感边界

这部分的练习集中在情感边界上，让别人说出你的感受，或者给你负面的信息，让你怀疑自己的感受，让他人来定义你的本质。

一方：　记住人们对你做的哪些事或说的哪些话，导致你放弃、修改或隐藏真实情感。这些可能是很有吸引力的信息，比如"请救救我，我很无助"或者"你太重要了，我们真的需要你来完成这份工作"，这对你的需求很重要。

现在，你站在或坐在边界之外，和搭档分享这个信息。然后回到安全的保护壳中，再次拥有保护。当你的保护壳准备好了，给你的搭档发出开始侵犯的信号。

另一方： 说出搭档与你分享的话语。使用肢体语言和语音语调，扩大话语中的情感成分。例如，如果你的搭档传递的信息中包含受害者的语气，那么，你看起来和听起来就像一个真正的受害者。

一方： 继续让你的保护壳难以被搭档给你的信息穿透。如果需要的话，你可以给自己一些安慰的信息，比如说："我的感觉是我的，它们都没问题。"当你能成功地抵制对方的信息时，告诉他停下来。如果你在任何时候有困难，请停止侵犯并为你的保护壳充满能量。继续下去，直到你可以保护自己免受情感边界的侵犯。

步骤 7　保护你的精神边界

这一部分的练习集中在你的精神边界上，包括让他人告诉你你经历了什么，或者给你负面的信息，让别人来定义你的精神实质，这些信息会让你怀疑你与精神世界联结的能力。

一方： 思考一下，人们做的哪些事情会侵犯你的精神边界。这可能是激起上帝的愤怒的恐怖言论，也可能是通过羞辱、屈辱或评判来攻击内心的东西，那些让你想去死的东西。现在和搭档分享其中之一，并重返安全的保护壳。当你的保护壳中充满了保护，你就可以告诉搭档已经准备好了。

另一方：重复伴侣与你分享的信息，就像一个神圣的宣告，看起来和听起来像权威的上帝或父母。

一方：保持自己的力量，抵制伴侣的攻击和虐待。如果你需要祈祷、向上帝或其他更强的力量祈求来获得支持，你可以这样做。当你能成功地抵制对方的信息时，告诉他停下来。在你遇到困难时，停止这个过程，并给你的保护壳充电。与伴侣继续反复地练习，直到你能保护自己的精神边界不被侵犯。

这时候，你该和搭档互换位置了。在继续与伴侣重复练习之前，一方应去除在地毯或地板表面上留下的印记。当双方都学会了如何保护自己不受身体、心理、情感和精神上的侵犯，并且可以真实地感受到保护壳提供的保护时，是时候进入下一步的练习了。

步骤8　带着保护和边界在世界中游走

在这部分练习中，你将学习如何带着保护壳在世界上游走。伴侣双方都应该确保保护壳围绕着自己。如果你是其中一方，你要坚定地重建你的保护壳。当双方都有保护壳时，双方都应该站起来，想象他的保护壳是一个带着把手的圆环。你可以握住圆环上的把手，在房间里走动。你要注意，你在遇到伴侣或接近保护壳时的反应。你是否有一种冲动，让你的保护壳更牢固，并侵犯你的搭档？或者你发现自己放弃了边界？当你在房间里走动时，尽量保持边界完好无损。远离搭档的保护壳，让自己完全地分离。

步骤9 提高和降低你的边界

对于那些具有依赖无能问题的人来说，这是非常重要的一步，他们几乎没有允许他人进入自己的边界的经验。缓慢地实践这个步骤是很重要的。

当你和搭档在房间里走动时，注意什么时候你会感到安全或不安。当你靠近其中一个人时，你能识别他的能量是安全的，试着打开和关闭你的保护壳。想象一下，你如何让别人进入你的保护壳，你可以想象保护蛋壳有一扇滑动门，或者有一个带拉绳的百叶窗，或者一个可开可关的小镜孔。你要意识到你能真正决定谁会进入你的空间以及他们能进入多少。这是一种能力，打开或关闭你的保护壳，让你在世界上真正感到安全，仍然能够保有亲密。对于许多有未满足需求的人来说，这种练习将为其提供安全和亲密的初次体验。

步骤10 触及和保持边界

这可能是练习中最艰难的一部分，因为它要求你在保持边界的前提下，让某人完全穿透你的保护壳。这个练习还要求你学会释放非言语信号，与被触摸或缺少触摸的渴望一致。这个练习还要求你学会读懂他人被触摸或缺少触摸的渴望的非言语信号。这些信息对于那些从来没有机会发展这些技能的人来说是很有价值的。

当你在房间里走动时，无论如何都要让搭档知道你是否想让他触摸你。用你的面部和身体发出清晰的信号，清晰地说明你被触摸的位置。另外，搭档邀请你触摸他时，你要注意到这些信息。学会阅读非语言信号，表明被触摸的数量和位置。缓慢而谨慎地接近你的搭档，如果达到了你的极限，你就可以迅速停下来。

步骤 11　讨论和解释

现在，你可以和伴侣讨论一下在设置边界练习的过程中学到的东西，谈谈你在生活中如何利用这些信息，如何利用你所学到的东西为自己的人际关系建立健康的边界。

总结

- 那些有未满足的依赖无能需求的人在儿时经常被侵犯，建造围墙以保护自己免受进一步的伤害。
- 为了保护自己，有未满足的依赖无能需求的人经常会跨越别人的边界。
- 健康的边界是可持续的亲密关系的重要组成部分。
- 学习如何创造身体、精神、情感和心理的边界永远不会太迟。

♡ 7　我和我的阴影：收回投射

当一个人用手指指向别人时，他应该知道还有四根手指指着
自己。

——路易斯·奈泽（Louis Nizer）

动听的小调《我和我的影子》（*Me and My Shadow*）唱出了
表演者与影子的关系，他讲述了他们如何在大街上散步。然而，
有未满足的依赖无能需求的人与他们的影子没有联系，甚至可能
不知道他们有影子。在心理学中，"阴影"通常指的是我们不知
道的、试图忽略的、只能在别人身上看到的自己不想要的方面。
将自己的阴影重新分配给他人，并将它判断为负面的，因此被称
为"投射"。

什么是投射

投射是一种防御，发展创伤未愈的人们会用这种方式避免和
隐藏儿时不被接纳的部分。

依赖无能者往往会更多地认识到他人的缺陷和不足，而不是自身未满足的需求和缺陷。依赖无能者使用投射来保护自己，逃避未满足的需求。如果他们与一个有依赖共生行为的人建立关系，他们会将此人视为人际关系中病态或有诸多需要的人。这种胜人一筹的姿态会让具有依赖无能行为的人投射自己的阴影，看起来像一个"好"的或"健康"的伙伴。

我们如何和缘何发展出阴影

你的阴影包括你躲避他人以及自身隐藏的所有方面。这些通常是你的父母、老师或社会告诉你的错误的、非正常的、坏的、不守规矩的或不文明的方面。父母会告诉你："不要那么活跃，安静地坐着吧。""不要边吃边玩。""坐直了。""不要玩了，这样做不好，还脏兮兮的。""女孩不要总是发脾气。""男子汉不要哭。"所以你学会了隐藏所有不被接受的情感、思想，并把这些印象和与之相关的部分放在一个"袋子"里。

年幼时，隐藏真实自我的天然属性，或者取悦他人能让你生存下去。长大后，你不得不把这袋不必要的或不被赏识的特点拖拽在身后。大多数人在 19 或 20 岁时，就已经分离出这些最重要的部分，并把它们放在这个袋子里，包括创造力、激情、性、深刻的情感、能量、自发性、渴望、热情、梦想的能力和其他任何被认为是轻浮的、没有吸引力或不能被接受的东西。

那还剩下什么呢？只剩下同龄人、父母、老师和其他成人可以接受的或没有威胁的行为、想法和感受，但是，这些通常不是你的真实自我。具有依赖无能性问题的人通常会因为虚假自我而过度顺从。这使得他们试图让自己看起来足够被接纳或对其他人毫无威胁，所有这些都是希望满足未能满足的发展需要。他们希望，如果自己顺从的话就会得到一直想要的尊重、爱和认同。当然，这是行不通的。相反，他们发现自己在单调的节奏中，尽可能向别人展示自己最好的一面，但内心很空虚。

有未满足的依赖无能需求的人的核心信念之一，他们做得还不够。他们不够可爱，不够英俊，不够是一个好儿子、好父亲、好女儿或好母亲等等。他们希望没有人注意到他们不够好，担心别人会发现这一点，这种信念常常驱动他们的语言和行为。

大多数人封闭真正的自己或者真实的自我，以免它们在不经意间冒出来，因此，他们会关注别人说的和做的不可被接受的事。这里的投射是一种有用的防御。有趣的是，当你把自己的品质投射到别人身上时，就好像放下它一样。如果你想收回投射，就会很难。例如，男人对妻子投射出表达感情的能力，让她体验到关系中的所有感受。然后，当他的一个孩子有情感表达障碍时，他发现自己很依赖妻子解决问题，而自己无法帮助孩子，很难收回这些分离的部分，但这正是那些有依赖无能问题的人必须学会去做的事情。

阴影是你内心的孩子

这个充满了怪物的可怕柜子或从童年期就一直拖在身后的袋子，它包含了真实自我的最鲜明的属性。很多时候，依赖无能者会意识到自己与内心的孩子的严重分离，会因为这种损失而哭泣。他们有必要为失去的真实自我或内心的孩子来悼念逝去的岁月，这样你就可以开始一段经常是可怕的，有时是痛苦的历程，收回你放弃的部分，以便你会被别人接受。

你的阴影不是别人，正是你内心的孩子。

摆脱负面依赖需要，你要直面你的弱点、不安、恐惧和阴影，然后学会去爱每一个人，就像你会关爱一个受伤和被拒绝的孩子一样。在治疗中，我们有时会建议来访者给自己买一个娃娃、泰迪熊或其他动物玩偶，代表内心的孩子或其他分裂的部分。他们可以拥抱这个娃娃、泰迪熊或其他动物玩偶，并对它说一些友爱的话，学会爱这些失去的部分。我们的一位来访者是一位经常旅行的商人，他买了一个旅行包，带着他的泰迪熊去旅行。另一些人则把玩具熊或娃娃用安全带绑在汽车座位上，并在上下班时与内心的孩子交谈。

羞耻在创造投射中的作用

让他人把某些部分从自己身上分裂出去的最有效的工具是有害的羞耻。有害的羞耻可以表现为："你有一些东西是错误的或不可接受的。"父母可能会说，"你竟然对你妈妈顶嘴，真为你感到羞耻，你这个无礼的小子！"或"你竟然自慰，真为你感到羞耻，你的想法真龌龊。"

内疚和羞耻是两种不同的情绪。内疚意味着你做了坏事或犯了错误，你必须停下来。它带有某些确定的负面信息，如"你做了一件坏事"。羞耻意味着你在精神层面上是坏的或有缺陷的。它带有某些不确定的负面信息，如"你有坏的一面，什么都做不好"。虽然，上述关于羞耻的例子中，你确实有些不好的因素，但是潜在的信息是："你这个人很坏"和"你有些不对劲"。

约翰·布雷萧（John Bradshaw）写道："我曾经有过一个颠覆一切的发现，它改变了一切。我将生活中的核心恶魔命名为'有害的耻辱'。"他补充道："有害的羞耻是人们无法忍受的，并且总是需要去掩盖的，最终，人们会形成一种虚假的自我。人们认为真实自我存在缺陷和瑕疵，因此需要一个没有缺陷和瑕疵的虚假自我。一旦虚假自我产生，在心理层面上，一个人就不存在了。"

布雷萧列出了有害的羞耻的以下特点：

1. 它成为你的核心定义，让你感到有缺陷和瑕疵，并且你无力改变。

2. 它会让你隐藏内心的想法和感受，意味着你必须防止他人看到你内心的想法和感受。

3. 它使人们不断地防止这些特质暴露自己。

4. 它让你经历了内心的折磨或灵魂的肆虐。

5. 它使人羞于羞耻，所以你羞于有害的羞耻而不敢承认自己的羞耻。

为了掩饰羞耻，你可能会试着羞辱别人。这就像条件反射一样：你以某种方式感到羞耻，会通过羞辱别人迅速摆脱这种羞耻。这一特征是投射的核心。

问题解决：如何发现投射

· 你要记住在某一件事中，你突然有一种身体感受，感到血液在血管中奔流，心脏开始快速跳动，而你僵住了，想要战斗或者逃跑。这些是肾上腺应激反应的症状，因为感觉不安，你的身体会自动产生压力。如果你进入一种"战斗"的反应，你可能一直会投射。

· 你还要记住在某一件事中，你的反应远远大于事件原本的性质，小题大做。你的反应表明你的感受可能来自之前的某些事件。你要问问自己："我现在的处境真的很不安全吗？"如果答案是否定的，你就要问问自己："我以前在什么时候有过这种感觉？"这能帮助你认识到你已经回到生命早期让你感到不安的时刻。问问你自己，"那个早期事件中还有什么没有完成，导致我在现在的反省和感受中会不安？"

- 你要记住在一场冲突中，你的全部关注点都在对方说的话或做的事上。过度聚焦一直以来都是一种投影，可以帮助你避免感受和／或看到你在引发冲突方面发挥的作用。你要注意自己在这场冲突中的感受，问问自己："我以前什么时候也有过这种感受？"同时你也要注意，如果你使用"永远"或"从不"等煽动情感或挑衅性的词语来描述情况，那么可能是为了避免早前事件中的强烈感受。

布雷萧还讨论了人们学会耻辱的三种方式。第一种方法是通过识别令人羞耻的榜样，通常是父母，他们会通过羞辱孩子的方式传递他们内心的羞耻。第二种方法是通过被抛弃的创伤，在这种创伤中，你可能会被虐待、被忽视或被迫放弃你自己的需要而照顾你的父母。这意味着你学会了不相信自己的需要、感受和本能，甚至可能因为需要、感受或本能而感到羞耻。布雷萧认为，第三种方式可能会产生有害的羞耻，当你小时候感到羞耻时，会经历深刻的背叛和对原始信任的背叛。没有时间为这种失去感到悲伤，也没有任何支持可以帮助你们悲伤。

这指出了发展性创伤和"小伤口"的一个主要区别，在你还是个孩子时，意想不到的事情发生了，就像摔了一跤或磕破了膝盖，如果有人给你安慰和情感支持，这件事就只会是一个"小伤口"。

如果没有人支持你，你就经历了抛弃，甚至一个小小的事件也变成了一个发展性创伤。这种原始的痛苦或伤害的例子需要被识别、表达和支持，才能释放有害的羞耻感。

你可以看到有害的羞耻感有助于解释为什么有依赖无能问题的人会分裂自我。直到他们发现创造原始痛苦的核心羞耻体验，并在表达这种痛苦中获得帮助，他们才会摆脱羞耻，并且会继续为他们的亲密关系增加色彩。

培养能力练习：使用感知检查分离现实

具有依赖无能问题的人需要学习的一项重要沟通技巧是"感知检查"。当你觉得自责或责怪他人时，重要的是检查你的看法。例如，在本章后面的治疗课程中是一个例子，一位来访者简（Jane）对她的伴侣阿特（Art）说："我认为你不是真的希望这段关系继续下去。你只想把我所有的问题都归咎于我，然后离开（像我父亲对我母亲做的那样）。"我（巴里）问她这是否是她对阿特的"感知"，我建议她问问自己"说他的话"是否是真的。简犹豫了一下，最后说："阿特，我说的是真的吗？"阿特回答说："当然不是，简，我真的希望这段关系能继续下去，我不会把这一切归咎于你后转身离开。"

认识到简的观点包含一些事实，这是很重要的。所以我请阿特告诉我简的恐惧究竟是怎么回事。阿特想了一会儿，然后说："简，我上周威胁要离开你的时候，我正处在绳索的末端，并对此感到绝望，我真正想要的是一场挣扎。我现在明白了，这会让你感到害怕，并相信我真的是这样想的。"我问简，她是否想从阿特那里得到什么，如果有，就直接问他。她回答说："阿特，当你威胁要离开我的时候，我真的很害怕。除非你真的想离开，否则你不要再那样威胁了。"阿特回答说："是的，我愿意达成这样的协议。"

几乎所有的投射都可以以这种方式处理，如果两个人都愿意互相帮助的话。记住，不投射的人可能在别人之前就知道投射的存在。为了帮助正在投射的人，另一个人可能会说："它看起来和感觉起来，就好像你有一个投影在发挥作用。"你愿意看看你在说什么或做什么，看看是否有投影存在吗？或者一个人可以简单地问另一个人他是否愿意做一个感知检查。

如何收回投射

大多数人花了头 20 年甚至 30 年的时间，将其投入自己的羞耻袋，接下来的 20 年或 30 年的任务是：意识到他们已经做了什么，并试图收回这些分离的部分。从生命开始之日起，对我们的真实自我提供适当的支持，我们将永远不会隐藏我们自己的部分，因此也不必使用投射。

罗伯特·勃莱（Robert Bly）阐述了投射过程的五个阶段。前四个阶段试图为我们制定投射。他表示，在第一阶段，我们要尽我们所能来保持完整的投射。在第二阶段，我们意识到我们的投射并没有真正起作用。例如，我们的伴侣有时很爱我们，想要亲近我们。在这样的情况下，如果他看起来很不好或漠不关心，我们能做些什么？他说，这种困境对具有依赖无能问题的人来说是可怕的，因为它带来了旧的恐惧和不安全感。他们可能试图激怒或操纵他们的伴侣回到他们的虚假自我。许多夫妇在这个阶段选择的解决办法是生孩子，并把阴影投射到他们身上。孩子们不能反击，总是做他们不应该做的事情，所以他们成为投射的理想目标。

在第三阶段，根据勃莱的说法，事情如此糟糕以至于人们必须用行动来证明自己的道德正确。父母可能会说，当他们严厉惩罚他们的时候，他们对他们的孩子所做的是"为孩子好"，传递的信息是："不要质疑我的权威，我是对的。"

在第四阶段，依赖无能型的人可能会让他们放松警惕，没法看看他们在做什么。他们可能会认识到，他们已经通过投射过程削弱了自己，这导致他们盘点自己的生活并决定改变他们。在这个阶段，他们也可能开始治疗或加入一个支持小组，并开始将事物拼凑在一起。

根据勃莱的说法，第五阶段的任务是"吃掉"你的阴影。这意味着面对你推离自己并投射到别人身上的一切，你必须咀嚼、吞咽、消化所有你一直害怕的东西。通过重新整合这些分裂的部分，你可以开始表达更深层次的感情，觉得生活更有激情，更加自然，更加健康和有活力。根据勃莱的观点，吃掉他们的阴影的人倾向于更多的"是"而不是"做"，表现出比愤怒更多的悲伤。

他们通常更有活力，需要更少的睡眠，他们的决定更加明智，更有辨别力。

下面的案例说明了投射如何对人际关系中有依赖无能问题的人产生作用。它还展示了一些你可能需要的工具，以便开始收回你的投射。

案例分析

阿特和简，有严重的关系冲突，找我（巴里）开始进行夫妻治疗。我们通过谈判达成了三期的合约，看看我们是否能有效地合作，并确定他们是否能得到他们想要的。在第一次和第二次会谈中，我集中精力帮助他们找到冲突的根源。我们共同努力，确定他们每个人在关系中未竟的工作。

我认为他们已经得到了很多的认识，所以在第三次会谈开始时，我很高兴听到简宣布，"我一直在考虑我们的最后一次会谈，我现在意识到我们的关系中最大的问题是什么。"我问，"问题是什么，简？"她回答说，"是他。"她用手指着丈夫，然后开始不停地指责他做的很多事情都会毁掉这段感情，而很多能够维系这段感情的事情他却没做。这显然是一次攻击，她试图将两人关系中所有错误归咎于他。

显然，对简而言，我的进度太快了，她真的很害怕她会因为他们的关系问题而受到责备，就像她因父母的关系问题而被责备一样。我能识别出简的恐惧，立刻知道她被带回了童年的记忆中。

这不是"简是个生气的婊子"这样的话，而是她的丈夫大喊大叫"简，你吓坏了孩子"。我让她知道我看到她吓坏了的小孩："你看起来真的很害怕，简。闭上你的眼睛，沉入那种感觉。"她这样做了，开始抽泣。呜咽中，她讲述了6岁时一个晚上发生的事情：她的父亲喝醉了，爬到她床上，性骚扰她。第二天，她告诉了母亲，母亲立即命令父亲离开家，他们离婚了。

后来，简的母亲定期指责简破坏了父母的婚姻。简的母亲从未再婚，而且她作为一个愤怒、悲惨的受害者度过了她的余生。简认为父母离婚是她的错，她为母亲的不幸承担了全部责任。每当她和丈夫发生冲突时，她就担心他会像父亲一样离开。

这就说明了投射是如何建立起来的，并揭示这些投射的背后，比如简的内心有一个羞愧的小孩。在关系中，投射往往很难厘清，因为这控诉通常有一点道理。在简的例子中，她实际上相信阿特做了她指责他做的所有事情，因为他确实做了一些。

如何一点一点消灭你的阴影

- 用运动来放松身体上紧绷的部位，这些曾是你用来保护自己的地方。定期按摩和运用深部组织方法，如罗尔芬健身法、罗米按摩术、特拉格运动法和肌肉疗法等，可能是心理治疗的良好辅助手段。

- 培养你的创造力和艺术才能。尝试舞蹈和运动课程、黏土工艺、绘画、击鼓或其他乐器以找回丢失的资源。

- 列出你所使用的投射和你在哪些人身上进行投射。

- 去找这些人，告诉他们你正在收回你的投射。要求他们退还你投入的投射。有些人可能会抵制这一点，特别是如果你一直在投射你自己的"光明"部分，比如你的创造力和自发性。

- 做一些事情来唤醒你的嗅觉、味觉、触觉、视觉和听觉，让你感觉更有活力。

- 写随笔。花10分钟写下你脑海中想到的东西。持续写，不要停下来，这样你就可以记录一切。这会打开你心中的创意之门。

- 买一个娃娃、泰迪熊或其他玩偶来代表你认为不可接受的方面。学会爱和关心这个对象，因为你学会了爱和关心自己的那些方面。

- 当你遇到一个新人时，寻找你们的共同之处。这可以帮助你更加开放并与他人联系。

- 当你意识到别人对你所做的事或所说的话有异常强烈的反应时，使用感知检查。说"我对你说的话有反应，我想查一下。你是说……"

- 购买或制作面具来代表你内心的恶魔、女巫或丑陋的巨人。戴上面具，试着表演这部分。试着用这个部分写一段对话，询问它代表什么，以及它教会了你什么。这很有趣，你可以更多地了解这些隐藏的部分。

培养能力练习：使用责怪

责怪是关系中最具破坏力的力量之一，而在人际关系中运用投射最常见的方法之一就是责备他人。下面的练习可以单独完成，或者如果你参与相互指责，你也可以与同伴一起完成。如果你想和他对话，你可以用枕头或空椅子来代表他人。如果你和一个搭档一起练习，你可以写一张"指责清单"，然后每个人都读另一个人的，或者你可以直接把这些责备的话告诉对方。如果你和一个伙伴一起练习，你可能需要轮流做每一步，这样你就可以并行练习。

步骤1　全部责怪他人

在一个冲突中，你认为对方应该受到责备，你需要找到可能被你隐藏起来的隐秘的责怪。写出你指责他人的所有事情，将发生的事情百分之百地归罪于他。在纸上写下所有责怪，或者把它完全告诉你的搭档。搭档的职责是确保你没有对所发生的事承担任何责任。如果你是单独一人完成这样的练习，那就阅读并评估你写下的责怪列表。如果你真的能够接受其中的一些责备，那就修改列表中的信息。注意这个过程给你带来的感受。毕竟将所有发生的事情怪罪在别人身上会让我们感觉还不错。

步骤2　全怪你自己

这一次，你需要审视自己，并责怪在你身上发生的一切。再次写下或完全说出来。如果你有一个合作伙伴,他的工作就是确保在这一步你接受所有的责难。再次,注意你在接受所有责难时的感受。将这些感受与步骤 1 中的感受相比较。

步骤 3　谁的责任呢?

责任与责备不同:它的意思是"回应能力",这一次从一个新的角度看发生了什么。问问自己:"在这种情况下,我最初有多少回应能力?我现在在这种情况下有多少经验和信息?在类似的情况下,我怎样才能发挥我的能力呢?"写下或回答你对这些问题的答案,并在适当的情况下将它们传达给伙伴。

步骤 4　我学到了什么?

问问自己:"如果我已经用自己的能力更有效地应对,我能做些什么不同的事情?"写下或回答你的问题,并在适当的时候把它传达给你的同伴。

总结

· 投射是阻止亲密关系并降低亲密关系可持续性的重要防御手段。
· 大多数冲突和战争中都存在投射。
· 能够进行感知检查是建立和维持亲密关系的一项重要技能。

- 你的阴影是由你内心的孩子的一部分组成的，其他人拒绝接受或承认。收回被割裂的重要部分可以很有趣，也会很有收获。

∞ 8 自我养育——治愈内心的孩子

当你第一次真正地自嘲时，你就长大了。

——埃塞尔·巴里摩尔（Ethel Barrymore）

我们发现，所有的人都不会在成年之前就已经满足了他的发展需要。没有人的父母是完美的，他们自身有未满足的发展需要，就会影响为人父母时的行为，会不知不觉把错误信息传递给你。他们可能对孩子的发展需求知之甚少，由于无知和缺乏知识，他们通过"遗漏和履行"使你受到精神创伤（回顾第 2 章结尾处关于这个话题的认识活动）。

为了填补空白，纠正你收到的任何错误信息，发现并治愈发展创伤，你可以通过自我养育完成成长。很多人唯一的选择是怪罪父母、老师或其他成人搞砸了你的生活，导致你产生某些问题。但是，这种选择会使你深陷童年里。作为一位成人，教育自己的过程应始于与你内心的孩子重新建立联系。

与内心的孩子建立联结

许多具有依赖无能问题的人长大后，会与他们内心的孩子断绝关系。他们要么放弃许多内在品质来保护自己不受父母的羞辱和虐待，要么由于父母的忽视从未体验过这些特质。不幸的是，作为成人，人们在抚养自己的孩子时，总会采取自己小时候经历过的教养方式。有些时候，你必须停止用长大过程听到的那些辱骂话语对待内心的孩子。使用下栏的"内心的孩子可能接收到的羞耻的信息"的示例，写出你羞辱和虐待内心的孩子的信息。

内心的孩子可能接收到的羞耻的信息

- "别挡我的路。"
- "我的一生不需要你。"
- "别让我难堪。"
- "不要提出任何要求或需要。"
- "我没有时间陪你。"
- "我不喜欢你。"
- "我不喜欢你的感受。"
- "我恨你。"
- "你一定是疯了。"
- "你什么事都做不对。"
- "你真蠢！"
- "你一直会一事无成。"
- "为什么会有人爱你？"
- "你认为你是谁——希巴女王？"

如果你记得收到过这样的信息，注意你现在还会对自己说哪些信息。这些信息揭示了你需要治疗的领域，你可以重新找回真实的自我。自我养育是治愈内心受伤的孩子过程中非常重要的一部分。

治愈你内心的孩子

在你和内心的孩子建立起牢固的联结后，你要尽可能多地记住童年时代的情形，这会使你将真实的自我分离出去。本书第一部分的认识练习，可以帮你把这些片段拼凑起来。

在这个治疗过程中，责任心是非常重要的，因为它可以帮助你摆脱受害心态和依赖共生。你不能等待别人为你完成这件事。我们满怀希望地相信，尽管我们内心的孩子在童年时期因虐待或忽视而遭受过创伤，但是成年之后，我们还是要学会如何治愈这些创伤。你可以学习满足未满足的发展需要以及治愈内心创伤的方法。最重要的是，这个问题很难被忘却，但也确实是一个学习小时候没有学到的知识的机会。

约翰·布雷萧在他的书《回归：收回和呵护你内心的小孩》（*Homecoming : Reclaiming and Championing Your Inner Child*）中提出了十条养育规则，"内心的孩子的权利列表"中的内容对其规则进行了调整，你在自我赋予内心孩子的过程中可以使用。小时候，你可能被迫放弃这些与生俱来的权利，现在你可以收回这些权利，作为治愈内心孩子的一部分。

内心的孩子的权利列表

· 你有权体验所有的感受。没有所谓的"坏"的感受。你可以学习使用有效的方法，利用你的感受来满足你的需求。

· 你有权对任何你想要的东西提出要求。你可以通过直接询问来积极寻求你想要的东西。

· 你有权享受你看到的和你听到的一切。对你所看到和听到的，你有最终的发言权。

· 你有权在想玩的时候玩。你可以决定在什么时候、什么地方、和谁一起玩。

· 你有权在你看到的情况下说出真相。你可以听听别人对某事的看法，也可以决定哪些是事实。

· 你有权设定自己的边界或界线，这会有助于你感到安全和可靠。

· 你有权拥有自己的思想、感情、行为和身体。你不必对任何与你无关的事负责。

· 你有犯错的权利。错误不是所谓的"坏事"。犯错可能是一件很好的事，因为这会帮助我们学习。

· 你有权享有隐私，并有责任尊重他人的隐私。不要有意识地侵犯他人的隐私。

· 你有权产生问题和冲突。你不必非常完美才能被爱。

处理你的情感

治愈内心的孩子，最重要的部分是记住和表达被压抑的感受，因为当它们被压抑时，它们会让旧有的思维模式和行为模式固着，阻止你的前进。孩子们常常会因为表达愤怒或悲伤的情绪而受到惩罚，他们目睹了别人因表达这些感受而受到惩罚。此外，我们很多人都担心被抛弃、悲伤、愤怒和羞耻带来的重要情感，即使有父母的支持，我们也可能感到难以表达。所以，很可能你从小就没有感受过或表达过你童年时最深切的情感。

正如我们在第 7 章讨论的，许多人没有得到父母、老师和其他成人的情感功能的确切信息。这些技能原本应该是从幼儿园里学到的，但是很多人都没有学过，这种缺失很有可能会成为成人亲密关系的障碍。成人自我养育的一个重要部分是学会用自己的情感创造更多的亲密。

童年时代，一种几乎普遍的感受就是被抛弃，如果父母和其他人不支持孩子内心的情感或对此做出反应，这种感觉尤其强烈。大多数年幼的孩子幻想着，让父母知道如何对他们的内心感受做出反应。当父母没能这样做时，孩子们会体验到对他们内在自我的抛弃。在经历了无数次这样的事件之后，孩子们就放弃了自己的内在自我。没有情感体验能力的孩子往往依赖别人的意见来定义他们到底是怎样的人。简而言之，作为成人，他们仍然与内心的孩子保持割裂的状态。

另一种常见的抛弃方式是身体抛弃。2 岁以下的孩子不能忍受母亲或其他与自己有关的人长期缺席。例如，如果父母出去度假一周，孩子交给保姆或亲戚代管，就可能会感到被父母抛弃。如果母亲是去医院生孩子，这就是一次双重的抛弃（身体的和心理的），因为母亲回家后，家里所有的注意力都会集中在新生儿身上。因此，我们建议两个孩子之间的年龄差距至少是 3 岁。这样的话，大一点的孩子更加会自给自足，并能为独立做好准备。

对父母来说，即使短暂地离开孩子，父母也要直视孩子们的眼睛，告诉他们父母什么时候离开、什么时候回来，这一点很重要。即使孩子们没有时间概念，也会理解父母说话的语调。一位患有严重饮食失调的来访者告诉我们，她 2 岁时，祖母在厨房里喂她吃饼干，父母偷偷从前门溜走，离开了两个星期去度假。这个来访者现在人际关系中遭受强烈的抛弃恐惧，当类似的恐惧出现时，她无法进食。

心理治疗师詹姆斯·马斯特森说，在伴随抛弃经历的抑郁症之中，恐慌、恐惧、愤怒、羞愧、悲伤、绝望和空虚等感受是压倒性的。压制这些记忆会让我们意识不到这些压倒性的感受。问题是，儿童时期，这些记忆相关的情感是压倒性的，但成年之后，这些情感就不再那么强烈了。然而，大多数成人的行为还是一两岁时的样子，并避免体验到这些重要情感。无论成人是否经历过重要感受，无论这些感受看起来多么令人难以置信。然而，许多成人压抑了情感，并死于因压抑这些感受而产生的疾病。

抑郁症患者通常不会触及这些深层的重要感受，通常需要时间来建立足够的信任，来访者会冒险分享抑郁之下的深层感受。越来越多的医学研究也证实了心理健康领域长期以来的普遍共识：大多数退行性疾病，如癌症、心脏病、关节炎和中风可能是由压抑的情绪引起的。这些情绪会活跃地存储在体内，并给所有器官带来长期的压力，直到某些部位崩溃并产生退行性疾病。

爱丽丝·米勒（Alice Miller）写出了失去真实自我和童年时代的天真而悲伤的重要性。你确实无法重回童年，童年期一去不复返。但是，作为一位成人，你可能会感受到这些重要的感受，然后向前迈进，完成孩提时代的发展过程。现在，所有的成人身上都存在一些未完成的童年经历。

大多数人试图通过寻找方法弥补缺陷来解决未完成的问题。例如，那些有情绪问题的人可能会与那些非常有表现力和社会性的人建立关系。然而，压制你对未满足的发展需求的记忆，你错过了在成年时满足这些需求的机会。也许你未满足的发展需求促使你发展自己的某些方面，否则你就难以发展自我。尽管如此，未完成的问题仍然存在，仍以某种方式阻碍你。你不再需要忍受这种障碍。你可以修复创伤并释放自己，在持久的亲密关系中过上更幸福的生活。

感受的层次

下面的插图展示了人们创造的感觉层次。外层作为防御核心感受的防御层。请注意，正面和负面的感受都是核心的一部分，因此获得这些核心感受可以带来更多的欢乐、爱、狂喜和喜悦。

你最好在团体治疗中揭示和表达自己的核心感受，因为那里为人们提供所需的安全和支持，打破人们对经历这些感受时的恐惧。目睹群体成员深刻的情绪，往往会让你无法继续忍受。自我帮助或十二步骤支持团体通常不会触及深层情感，但他们可以在处理情绪问题之前和之后提供有益的认知支持。

处理记忆中的问题的最后落脚点在抛弃上。愤怒，这是对大

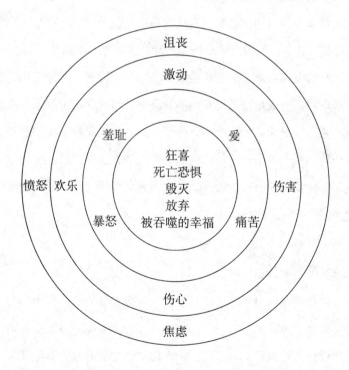

多数抛弃之后的普遍反应之一。当一个人表现出愤怒时，他可能看起来像是一个两岁的孩子在发脾气。因为人们释放原始的感受，他们会伤害自己或他人。愤怒需要在安全的环境中表达，小组成员可以通过握住他们的手臂、腿部和头部来帮助他们安全地释放愤怒，使他们的身体可以自由活动，充分表达愤怒而不会伤害自己。为了释放愤怒，你需要与经过训练促进愤怒工作的治疗师合作。

如果方法正确，你可以快速处理愤怒问题并获得非常有益的结果。如果你是与来访者合作的治疗师，在暴怒之前，请确保他不会可能因此而让身体问题恶化，例如心脏病或高血压。另一种有效且不太暴力的愤怒形式是让人挤压并拧毛巾。（这会让那些想要掐死羞辱他们的人的来访者感到特别解气。）

我们发现帮助人们表达强烈愤怒的另一种有效方法是让他们用网球拍拍打床垫或乙烯材质的豆袋椅。当网球拍击打乙烯树脂时，它会发出响亮的爆裂声，许多人感到特别满足。我们总是强调他们不是在攻击让他们生气的人，而是在表达感情。在附近放置一个枕头可能会有所帮助，这代表来访者希望见证他们对父母的遗漏和履行的愤怒。

自我养育技能

自我养育能力意味着你要治愈并积极引导内心的孩子。这就需要放弃一种错觉：如果你变得足够完美、足够聪明或足够听话，父母或他人将满足你的需要。治愈内心的孩子的唯一方法就是直接向合适的人提出你的需要，并为自己提供剩下的东西，以下四组矫正性的养育技巧可以帮你做到。

确定发展过程中的缺失

每一个发展阶段都有特定的必须满足的具体需求。重要的是，你要知道了解这些发展阶段，哪些阶段是你没有完成的。在第 1章的图表中，我们列出了个体基本的发展阶段。一旦确定了你还需要完成哪些工作，你就可以开始自己的养育工作了。

使用发展许可

这些是你小时候需要听到的积极的支持信息。如果你没有得到这种信息和 / 或你得到的是负面信息，那么你仍然需要听到这些来自他人的积极信息，并学会如何给予自己这些信息，包括"我很高兴你出生了""你属于这里""我爱你本来的样子""你真可爱，你真能干""你可以提出你的需要和需求""你可以信任自己的内心""你可以独立思考""我不会放弃你"。你也可以回到第2章，检查你在认识活动"遗漏和履行的'罪过'"中的两列信息，看看它们是否包含没有得到和想要听到的任何发展许可。

制定养育合同

一旦确定了你还需要听到哪些发展许可，找一个愿意告诉你这些信息的人并与他签订合同。如果你想从你母亲那里听到，你可能想选择一个女性来对你说这些话。如果你想从父亲那里听到，就选一个男性对你说。你要意识到你可能仍然要接受积极的信息。你学会了在没有支持信息的情况下生活，也可能会说服自己真的不需要听他们说这些话。重要的是要求他们重复，直到你突破所有阻碍你将这些话听进去的阻力。如果你发现你听到这些话时会不舒服，你只需要承认阻力的存在并等待下一个时机。你可能需要处理你的一些愤怒和怨恨，以便得到积极的支持。

你可以和朋友、伴侣、姐妹兄弟或其他有兴趣帮助你完成这项深度治疗工作的人签订养育合同。选择让你感到安全并努力支持你成长的人。当一对夫妇愿意互相合作并支持，以满足未满足的发展需求时，他们就会创造许多机会，产生一段新的亲密关系，有爱但与性无关。

真正有爱的人都能够依靠真实的、破碎的或所有的自我，支持和鼓励他人的努力并成为整体。制定养育合同是夫妻间相互支持的一种方式。接下来的部分，"如何与受信任的人制定养育合同"，示范了可能会在制定养育合同的两个人之间发生的对话。

真正的爱情源于一个联盟，彼此的最大利益和自己的利益一样重要。

如何与信任的人制定养育合同

玛丽：约翰，你和我争论的过程中提高嗓门时，我和小时候一样害怕。小时候，我从来没有反抗过父亲。现在我知道，当他对我这样做时，我该对他说些什么。你是否愿意扮演父亲 10 分钟左右，帮我完成和父亲的交流？

约翰：我不想做你爸爸。我想做你的丈夫。

玛丽：我知道你不是我父亲，但当你做某些事情时，你使我想起
了我父亲。我要处理这件未完成的问题，这样我们争论时
就不会再看到他的脸而是看到你的脸。

约翰：噢，好吧，如果这样的话。当然，我可以用几分钟的时间
扮演你父亲。

玛丽：（现在对她父亲说）小时候，我做了你不喜欢的事情时，
你会对我大吼大叫，让我很怕你。你比我大得多，以至于
我不敢告诉你我的感受。现在，我会说，你能听我说话且
不要对我大吼大叫吗？

约翰：（作为玛丽的父亲）是的，我会听你说，我不会对你大喊大叫。

玛丽：（静静地抽泣着）我真的希望你能和我说话、和我一起玩，
但你好像总是太忙。我唯一得到你的注意的时候，就是你
对我大喊大叫的时候。我不知道我做了什么，让你如此恨
我。你让我觉得自己很可恨。现在，我仍然需要你告诉我你
爱我，需要你抱着我，告诉我你喜欢我，你愿意这样做吗？

约翰：是的，我真的爱你，玛丽，我想抱着你、安慰你。（抱着
玛丽摇晃）你是一个漂亮的小女孩，你很聪明，活泼开朗，
非常可爱，我很高兴有你这样一个女儿。非常抱歉，你还
是个孩子的时候，我没能跟你说这些。那时，我的优先顺
序颠倒了，而且我总是太忙了，不能照顾好孩子们。我深

感抱歉，你还有什么想要我对你说的吗？

玛丽：没有了，我现在只能想到这一点。约翰，谢谢你扮演我的

爸爸，告诉我那些事。这真的很有帮助。正如你说的那样，

我能感觉到自己在你的怀抱里放松了。我想我真的不应该再

把你当作父亲看待，而应该把你当作约翰看待。

通常，养育合同与上述的短期协议类似，旨在帮助每个人以清晰、有意识的方式满足未满足的发展需要。合同最适用于彼此有联系的人，但也适用于不同的人和生活中的不同场合。每一个进入你生活的人，都可能是与你签订合同以完成发展过程的人。你一定要找到不会利用你的弱点、能够真正让你感到安全的人。对方同意不利用这种情况来表现任何与性有关的感情是绝对必要的。这个人不适合与你发生性关系，特别是如果你已经退缩，感觉像个小孩一样。

自我养育能力

如果你的发展过程不完整，最难做的事情之一就是养育自己。你在学习如何照顾自己和内心的孩子时，可能需要帮助。如前所述，发展过程不完整的成人可能会发现洋娃娃、玩具熊或毛绒玩具在自我养育的练习中很有帮助。很多成人不便携带毛绒玩具或洋娃娃，一开始可能会感到尴尬和不安。但是对于那些克服恐惧和尴尬的人说，这样做确实有助于养育内心的孩子。

做出规划，每天做一件事来养育内心的孩子可以帮助你投入

这个过程。许多成人试图用酒精、药物、性、物质和食物等替代品安慰自己。这些做法不会起作用，经常有成瘾行为的副作用。看到"问题解决"的边栏内容，你可以找到更有效的方法来帮你。你可以决定哪种做法最适用于内心的孩子。

案例分析

第一次见到朱莉（Julie）是在我们的一个工作坊里，那时她正在为人生寻求更多的意义。她有了一个新家、一辆新车、两个小孩和一个研究生学位，并过着"美好的生活"。在一个岗位上工作了十年，与丈夫结婚十年之后，她意识到自己缺了点什么。日常生活中体验到的空虚迫使她审视自己的生活。她在参加治疗后，与我（贾内）私下交流。她把婚姻视为不幸的根源。她正处于出轨的边缘，正在努力与道格（Doug）维系两人的感情，因此，最初的治疗问题是她想知道自己是否应该离开道格。

我们的首要任务是看看朱莉的生活中究竟发生了什么，特别是在她和道格之间。我们开始回顾她的童年和青年时期，试图把现在与过去联系起来。当我们这样做的时候，一些有意思的事情浮现出来。首先，我们发现朱莉是双胞胎，有个孪生哥哥。她出生时差点丧命，因为父母和医生都没有想到竟然是双胞胎。实际上，哥哥出生后，医生就开始缝合母亲的伤口，直到有人意识到还有第二个孩子。她出生时，已经开始呛入羊水，有窒息的危险。

她体形小，呼吸也有障碍，在医院的保温箱中待了将近一个月的时间才回家，而哥哥在出生几天后就回家了。朱莉和我一起检查了这段早期历史，看看她的出生过程是否理想。现实和理想之间的差距成为她治疗工作的主要框架。

她给父母打了几次电话，谈论自己出生时和出生后那段时间里的事情，想看看是否还有其他有用的细节。她还与双胞胎哥哥交谈，看看能从他那里了解到什么。家人的对话帮她回忆起出生时的一些事情。朱莉决定和巴里进行一次联合治疗，使用发展过程方法重温她的出生过程。她觉得这会帮她记住与出生有关的一些感受，并使她更多地了解未完成的事情。她请道格扮演双胞胎哥哥的角色，同时，我们也同意扮演她的父母，所有人一起推动治疗的进程。

问题解决：如何养育内心的孩子

- 定期按摩。
- 泡在热水浴缸里，用上泡泡浴或沐浴油。
- 一天中抽出时间独处，反省内心的孩子。
- 定期在自然环境中散步。
- 每天定时午睡。
- 在自己特定的场所或房间静静地沉思。
- 听优美的音乐。
- 让朋友抱着你或者给你按摩背部。
- 在日记中写下内心的孩子的治愈过程。

- 给内心的孩子写一封普通的信,描述你喜欢他的哪些方面。
- 坐在或站在镜子前,学会爱上自己身体的所有部分。
- 对你的内心的孩子说些有爱的话。
- 写下发展许可,并将它们录到磁带上或录音机中。在上班前或晚上睡觉前放给自己听。
- 每天和你的内心的孩子交谈,用娃娃、泰迪熊或填充动物玩具代表内心的孩子。
- 给你的内心的孩子唱歌。编一些肯定你内心的孩子的歌。
- 带你内心的孩子去马戏团或公园玩。

我们（贾内和巴里）开展会谈的那天晚上,朱莉到了一个场景中,重温她的诞生过程。她让道格和自己一起蜷缩在地板上,吩咐我们去拿毛毯,把他们盖起来,就好像他们还生活在母亲的子宫里。朱莉和道格在母亲的肚子里等待出生时,开始了一场哥哥和妹妹的对话。

朱莉表示,在她一生的大多数时间里,她都觉得自己的哥哥提姆（Tim）抛弃了她。他先从子宫里出来,先回家,然后进入了男性世界。结果,她从来没有和他亲近过。她认为提姆是个坏人,也是她许多问题的根源。朱莉相信,如果他没有抛弃她,自己的生活就不会有这么多问题。

然而,在她回归"子宫"的过程中,朱莉对他们的关系有了不同的看法。她记得自己一直害怕先生出来,因为离开提姆似乎是一件太过可怕的事情。因为她害怕离开提姆，所以她说服他先出生。就因为这样，她最终被困在子宫里。这种先天创伤需要她在一个保温箱里住一个月，与母亲和提姆分开。

我们怀疑朱莉从来没有表达过与创伤性分娩有关的恐惧感和遗弃感。我们问她是否想重温最初的出生过程，看看会有什么样的感受。她同意了。她与道格重新开始一段出生前的对话。

朱莉："我害怕出生后孤单一人，提姆。你可以先出生吗？我在你之后出生。"

提姆（道格）很快从子宫里出生了，把她单独留在那里。

我们马上用毯子盖上她，并模仿医生缝合母亲的伤口。过了一会儿，朱莉惊恐得差点就要窒息了。我们很快地发现了她并抱住她，同时向她重复了她之前告诉我们的想从父母那里听到但是没有听到的话。这向她提供了一些基本的发展权利和再次养育。她得到充分的安慰后，终于平静下来，她看着我们说："现在我想采用正确的做法。"然后她看向道格："你愿意和我再试一次吗？"他深吸一口气，对她笑笑，说："当然。"现在开始，朱莉负责为自己创造一个正确的育儿经验。

他们回到"子宫"里，再次进行了出生前的对话，这一次朱莉坚持要她先出生。过了一会儿，朱莉从毯子的开口处溜了出来。贾内抓住她，并安静地抱着她。朱莉叫提姆出来。当他出生时，巴里抱住他，我们四个人静静地坐了一会儿。我们俩扮演朱莉的父母，向她和提姆的出生表示欢迎。

会谈即将结束时，我们和朱莉讨论了她与提姆的关系以及道格的关系。她想了一会儿，坐直了，大声说，"我一直试图让道格抛弃我，就像提姆那样。我被其他男人吸引，被婚外情诱惑，我知道道格绝对不会容忍。如果他发现了，他肯定会离开我的。现在我想明白了，我多么想让道格成为提姆。"

我们帮助朱莉看到她的出生创伤如何缔造了她的人生剧本。她记得被男人抛弃了一生的感觉：首先是她的孪生兄弟，其次是她的父亲和几个男朋友。现在，她也想让道格在自己的人生剧本中扮演一个抛弃自己的男人。

我们也在寻找其他她出生时可能还没有完成的事情。她想起了那一个月待在医院保温箱里时可怕的孤独感。朱莉和贾内制定了一项矫正育儿的协议，以开始下一次会谈，探讨她的孤独感。

在下一次会谈中，贾内和朱莉用垫子和毯子重建了保温箱的场景，让朱莉待在里面。她静静地躺了很长一段时间。我（贾内）认为这一事件中有未表达的感情，所以我决定离开一会儿以帮他们还原当时的场景。我离开时把门关得很响，让朱莉知道我已经走了。我仍然可以透过门上的玻璃看到和听到她，并能密切监视室内的情况。过了一两分钟，朱莉开始抽泣。哭泣声越来越大，直到我从她的哭声中感到她正在触及重要情感。

在那一刻，我回到房间，打开她的"保温箱"，拉开毯子，并用手臂环抱着她。她伸出胳膊紧紧地抱住我的脖子。我这样抱着她 15 到 20 分钟，直到她平静下来。她开始跟我分享，在保温箱里的恐惧如何重现，没有人来找她时有多无力。她怎么会那么害怕，因为谁都不来，她就会死。那一刻，我看到了保温箱事件已经重现了她的原始创伤，她的人生剧本已经开始上演。

治愈她出生过程中这一未完成的部分，需要重演现场并提供缺失的矫正性的养育。我问朱莉是否愿意再回到保温箱时期重获当时的缺失，她说她觉得已经做好了准备，蜷缩在地板上，让我在她周围重建保温箱。沉默了片刻之后，我问她，当她还是那个小婴儿时，如果能提要求的话，她会想要什么。她说当时的自己最害怕的是孤独，最想念的是母亲。这次，她想要我成为她的母亲，与她一起进入保温箱。

我把保温箱做得更大一些，躺在地板上，然后在她的毯子下扭动。这时，她开始感觉到在这次会谈中耗尽了所有情感。她在我旁边蜷缩成一个小球，长长地叹了口气，睡着了。几分钟后，我们一起躺在宁静的世外桃源里。最后，她把自己的身体从狭窄的空间里移开，睁开眼睛。她看到我还在那里，高兴地笑了，伸了个懒腰，坐了起来。我也坐了起来。我看到朱莉正从退缩的状态中走出来，回到正常意识状态，表明这部分工作已经完成。

几分钟后，我们坐在一起讨论还有哪些部分可能是不完整的。她说，她总是让自己的生活像在保温箱中一样感到孤独和可怜，所以我们讨论了各种可以完成的自我养育活动，以帮助她缓解这些情感。她想出一些做法，保证要定期完成。她还分享了她通过为自己创造支持性的新体验来改变她童年时代的信念——"生命是一个孵化器", 对她有很大的帮助。

朱莉在她的人生剧本中发现了其他缺失的线索, 并制定了特定的治疗合同来处理。几个月中, 她摆脱了旧有模式, 看到自己最初有的"失去了某些东西"的信念正在转变为"还有些未完成的事情"。

道格和朱莉重新审视了两人的关系, 并认识到朱莉最初被道格吸引的原因是, 她希望他在她生活戏剧中扮演提姆的角色。他们开始看到两人在许多方面真的是不相容的。例如, 朱莉在情感上像是个新生的孩子。她发现自己的童年时代有发展的空白, 她从来没有真正的自主。她一直受到与她一起扮演家长角色的人的照顾和监督, 从未真正地成长为青少年, 也没有学会如何恰当地与男孩交往。除了道格, 她从来没有和任何人在真正意义上约会过, 觉得自己需要更多的男女关系的经验。

她诚恳地对道格说, 他娶的人像孩子一般情绪化, 而她需要在建立真正的成人关系之前长大。她想离开道格, 试着独自生活一段时间。最终, 他们决定离婚, 带孩子杰夫 (Jeff) 去参加治疗。3 岁的杰夫很难表达情感, 但会以非言语的方式释放挫败感, 例如他会有条不紊地将一盒 64 支蜡笔掰碎。我们看到杰夫宣泄情绪, 开始为他欢呼。他最终站了起来, 在蜡笔碎片上踩来踩去, 我们都很高兴杰夫能真正表达他的感情。道格和朱莉同意建立合作的养育协议, 以满足朱莉独处的需要, 并支持孩子在养育方面的连续性需要。

道格和朱莉彼此尊敬他们真实的样子以及真正的需求，彼此以爱和温柔的方式使他们的经验成为成长的一部分。我们发现这样一个充满爱的经历让人难以置信。我们认可他们对彼此的爱的态度，以及他们能够创造一种新的模式，使夫妻分离，但不会让对方成为坏人。

培养能力练习：与父母一起完成的过程

与值得信任的合作伙伴或治疗师一起完成这项练习，他们将指导你完成整个过程，并为你的经验提供支持和验证。你可能需要与每位家长一起练习两个小时，与父母的经历会帮你决定是扮演自己的角色还是扮演父母的角色。如果你愿意的话，你可以和父母一起完成这个过程。在这种情况下，我们建议在治疗中进行练习，如果这一过程变得困难或者由于强烈的感觉而破裂，你会得到方法上的支持。

1. 你要决定完成这个过程中首先要处理的是父亲的问题还是母亲的问题。邀请父母（或父母的形象）坐在你的面前，以便通过他说出真相，并倾听和证实你的真相。

2. 告诉父母你们之间所有未解决的情感问题（例如，痛苦、悲伤、羞愧、怨恨等等）。

· 告诉父母因为做了什么或没有做什么而伤害到你。（从第 2 章结尾的"遗漏和履行的'罪过'"中的两个清单来完成这一过程。)

- 告诉父母，他做或没有做什么事时，你是什么感受（如果需要的话，尽可能地释放所有情感）。
- 告诉父母这些事情如何影响你的生活。
- 告诉父母，你意识到和他建立的不健康的心理契约。例如，"如果你为我做这件事，我会为你做那件事。"告诉他为什么这对你来说是有害的。注意：这些协议没有明说，但是双方都懂。

3. 告诉父母你想要的新的健康的协议是什么，并征得他的同意。（例如，"我现在想从你这里得到的是……你愿意吗？"）

4. 换位思考，扮演父母的角色，并回答这个问题。

5. 治疗师或伴侣检查完成这部分的过程。有害的协议中的陈述是否清晰？情感是否表达了？新的健康协议是否明确？

总结

- 为了填补发展中遗留的空白，你需要继续以成人的身份为人父母，以便你成为一个功能完善的人。
- 成功度过童年的依赖共生和依赖无能发展阶段的成人不足十分之一。你还在等什么呢？
- 你最大的挑战之一可能是摆脱自我憎恨。注意自我对话的方式，看它是否充满爱意、肯定或憎恨。
- 通过与每位家长一起完成这项工作，你将消除大部分阻碍，建立和维持亲密和爱的人际关系。

♡ 9　冲突和亲密

两个人的相遇就像两种化学物质的接触：一旦发生反应，双方都会转化。

——卡尔·荣格（Carl Jung）

大多数人从来没有看到有些冲突解决方式，是能够帮助他们愈合创伤、发展更亲密的关系的。这很不幸，因为如果没有解决冲突的技巧，人们就不可能走出非正常的行为模式。正如我们在第 3 章中看到的，创伤戏剧和戏剧三角的关系互动充满了冲突的可能性。冲突也可以表明你参与了一个心理游戏 [参见艾瑞克·伯恩的《人间游戏》（*Games People Play*）]。在本章中，我们提出了一些有效的精神工具，帮你处理冲突，更接近你爱的人。

关于冲突的狭隘观念

当冲突在我们参与的课堂或小组发生时，许多参与者想要爬到最近的桌子下面或者跑出门外。人们看不到或不相信冲突是可以解决的，而又没人在情感上、身体上、心理上或精神上受伤，就会产生一系列关于冲突的负面信念和感受。以下是人们对冲突持有的一些最常见的狭隘和消极信念：

· 冲突是不好的。
· 冲突是可怕的。
· 冲突是危险的。
· 冲突具有破坏性。
· 冲突意味着有人失败。
· 冲突意味着有人会受伤。
· 冲突难以控制。
· 冲突会升级并失控。
· 人们应该不惜一切代价避免冲突。

具有依赖共生和依赖无能问题的人会以不同的方式处理冲突。那些具有依赖共生模式的人通常会更加被动地接近冲突：他们走进冲突，最终期望成为受害者。他们希望得到的最好的结果是让人们为他们感到抱歉，以便人们能够满足他们的需求。

依赖无能模式的人通常会更积极地处理冲突，最终成为加害者。通过保持这种角色，他们可以隐藏自己的亲密和对亲密的需求，并通过让人们远离自己而感到安全。他们希望避免被视为错误的，也希望避免对冲突负责，因为这可能表明他们有错。这将打破他们的自恋防御，并使他们更容易受到批评或羞辱。但对于这两种类型而言，解决冲突的最常见方式是不惜一切代价避免这种冲突。

依赖共生者如何处理冲突

冲突是具有依赖共生问题的人们最大的麻烦之一，因为冲突几乎总是会给他们带来创伤性的记忆。他们发现自己重新回到了受创伤的童年冲突的记忆中，这使他们感到弱小、无力和害怕。涉及冲突的负面经历促使他们避开冲突，在他们的人际关系中造成困境。他们必须在避免冲突和满足自己的需求之间做出选择。如果他们避免冲突并保持被动，那么他们也可能会回避童年的感受。如果他们试图满足自己的需求，并在这样做时遇到冲突，他们可能会受到伤害。这种困境鼓励他们使用操纵或其他的间接方法满足需求，比如通过扮演受害者。这样，他们会试图绕过害怕的冲突。

这种方法不起作用的原因是它支持游戏玩法、戏剧三角和其他类型的权力游戏，并且在关系中产生更多暗流，所有这些都会增加更多冲突发生的可能性。逃避冲突的最大缺点是它最终使人们分开，并防止真正的亲密关系。

依赖无能者如何处理冲突

对于依赖无能者来说，所有使冲突成为给依赖共生者带来消极体验的事物，实际上是积极的。因为他们有兴趣使用冲突来避免亲密关系。冲突对他们来说是一种宝贵的防御机制，他们可以在感受到威胁时使用它来创造距离和安全。操控性控制游戏可以让人们保持一种安全的距离，避免冲突的感受。

例如，在一段典型的依赖共生／依赖无能关系中，冲突是一种调节机制。当亲密关系太过密切时，依赖无能者可能会开始感到旧有的窒息感。他进入加害者的角色，可以迅速产生激烈的冲突并在合作伙伴之间创造分离。这有助于迅速消散窒息感，恢复安全感。如果人际交往关系中存在太多的空间，且具有依赖共生模式的合作伙伴开始放弃旧有被抛弃的感受，他则可以迅速进入受害模式试图使对方重新回到冲突中。这将有助于消除被抛弃的感觉，并且让那些未满足依赖共生需求的人放心，他不会被抛弃，至少冲突持续期间不会被抛弃。

虽然冲突是调节非正常关系中亲密和分离程度的宝贵工具，但它也会阻碍持久的亲密关系，并使两个人无法解决他们未满足的需求，这些需求与童年遗留至今的联结和分离有关。因此，越来越多想要亲密关系的人不再能够忍受未解决的冲突。

新的选择，新的机会

最终，人们，尤其是那些具有依赖无能模式的人们，明白他们在冲突情境中的封闭、防御性反应最终会使他们感到孤独、孤立和疏远。当这件事让他足够痛苦时，他们可能会做出新的选择。据约旦（Jordan）和玛格丽特·保罗（Margaret Paul）的观点，另一个选择是追随所谓的学习路径。这一路径重点研究了两种学习：了解他人和认识自己。这两种类型的学习都需要换位思考，我们在第7章中讨论过。只有同情和照顾自己和他人内心受伤的孩子，才能帮你利用冲突情境来了解他人、认识自己。

意识到自己和他人的创伤，就意味着消除了通往亲密关系的这一道主要障碍。一旦这一障碍消失，你就会看到前方的道路，你会发现你处于未知的领域，需要一张路线图找到你的方式。

恢复亲密关系的路线和车辆

首先，重新思考冲突的概念。与其看到这段道路上布满未知的会伤害你的怪兽，不如把这段道路视为一条充满未知挑战和机会且能让你们共同学习和成长的道路。

接下来，你需要一辆坚固的车，让你驶过过去的车辙和错误的转弯，可以在湿漉漉的沼泽和未铺砌的小路上生存下来。你的车辆需要齿轮，以便在需要时允许你倒车或改变方向，并且必须附带保修。换句话说，它必须是你可以依赖的车辆。有了这样一辆车，你会发现你可以关闭出口，并承诺在你恢复亲密关系的过程中持续保持这种关系。

最后，有必要建立一个伙伴关系中解决冲突的愿景，使你接近亲密。这意味着你的车辆需要一个指南针或导航装置来帮助你导航到亲密的道路上。

培养能力练习：解决冲突的合作关系范式

伙伴关系建设练习 1　为解决冲突做好准备

使用说明：根据当前的冲突，填写下面的空格，帮助你更好地理解如何处理冲突。

步骤 1　关注冲突的内在体验

- 我知道我是因为 _____ 而产生冲突。（你发现大脑一片空白，或者感到胃里紧张、手心出汗、头晕、呼吸急促或者其他身体症状。）

- 我在 _____ 部位，感受到身体上的冲突。（列出你最感冲突的部位，如胃部、胸部、肩部或其他部位。）

步骤 2　专注于自身

现在深呼吸一口气，将气息运行到你感到紧张的部位。当你的气息到了这个区域时，你会看到张力减弱。当张力释放时，你把手放在肚脐下面两英寸处，将注意力转移到腹部。用你的腹部呼吸，同时想象你的能量向下到你的脚部，牢牢地站定在地球上。你自己感受到能量在地球核心和整个身体之间的流动。注意呼吸时你的身体感觉，想象以这种方式使用你的能量，这样你就可以在遇到冲突时训练自己快速专注起来。

步骤 3　确定冲突中的感受

- 当我想到冲突时，我觉得 _____。（辨别感受。）

- 当我确定这种感受时，它让我 _____。（确定这种感觉的功能。）

步骤 4　确定你在冲突情境中的典型行为方式

我通常用来处理这些情绪和身体症状的方法是_____
_____。（描述你在冲突情况下的通常反应。）

步骤5　诊断冲突

这场冲突对我有什么影响? ＿＿＿＿＿＿＿＿。（如果你觉得冲突对你有切实的影响，这意味着你正在经历需要和欲望之间的冲突；如果你觉得冲突对你没有明显的影响，这意味着你遇到的是价值观和信仰之间的冲突。）

步骤6　决定如何处理冲突

选项1　直接与冲突中的人打交道。

- 使用练习1　让自己准备好接近冲突。

- 使用练习2　如果冲突涉及需求。

- 使用练习3　如果冲突涉及价值观和信仰。

- 使用练习4　如果冲突不能使用练习2或练习3解决。

选项2　撇开冲突并决定不参与冲突，以此来转移冲突。与你有冲突的人可能太过强大，可能反应过度或具有攻击性，或者可能是某些待在一起就会让你觉得不安的人。

- 使用练习4来确定你是怎样吸引这种人的。

选项3　加深你的认识。当对方不愿意或无法与你合作时，你可以独自处理冲突。

- 使用练习4加深你对冲突部分的认识。

选项4　观察过去关系中未完成的事件发现冲突的根源，与一个能帮你找到冲突根源的伙伴一起练习。

- 使用练习4和练习5作为指南。

步骤 7 建立处理冲突的基本规则

- 商定冲突解决的时限。

- 让每个人陈述他对冲突的看法。在解决冲突之前，就冲突的问题达成一致意见。

- 让每个人分享想要的结果，回答"你希望如何解决这个冲突？"这一问题。

- 根据练习2、3、4、5的指示轮流提出问题。

- 避免抱怨，直接提出你想要从对方或相关的人那里得到什么。如果有人向你抱怨，问问他想要什么。

- 如果存在明显的投射，就先处理这些问题。让每个人直接与他有冲突的人（通常是父母）交谈，伴侣可以在你的帮助下扮演这个角色。

- 同意在规定的时间内试用任何协议，看看它们是否有效。

- 学会接受复发。引起冲突的旧有行为可能不会立即改变。如果发生了这种情况，询问复发者他想要或需要做什么，以便成功地改变他的行为。

- 如果协议需要修改的话，也能同意尽快聚在一起修改。

伙伴关系练习2 亲密关系建设行动：解决需求和欲望冲突的八个步骤

使用说明：感到冲突的人更应该开启这一过程。在某些情况下，身处冲突中的人只有了解了这种方法，他才能在指导下完成这一过程。如果参与冲突的人都遵守以下步骤的话，那就再好不过了。

步骤 1

客观地描述你对问题或行为的看法。（我注意到你昨晚吃完饭后没有清理碗碟。）

步骤 2

分享你对某人或问题的看法。（当我看到碗碟在水池里时，我很生气。）

步骤 3

描述问题或话题对你和 / 或你们的关系产生的实际影响或结果。（对我来说，我必须清理碗碟时是额外的工作，我不想接近你了。）

步骤 4

清楚地告诉别人你想要什么。（我想要的是能感觉到你的亲近。为了让我感到你的亲近，我需要你同意在吃完饭之后洗碗。）

步骤 5

清楚地向对方提出你想要什么。（你愿意这样做吗？）

步骤 6

使用反应性倾听。在听取对方对冲突的反馈或看法后，暂停并进行感知检查。不要让自己陷入防御、责备、升级或抱怨的过程中。（我对你生气时，你看起来好像很不高兴，是吗？）

步骤 7

如果你想要什么或别人愿意为你付出或做什么，你们可以协商一下。（在上班之前，我有时会没时间清理所有的东西。我可以把它们堆在水槽里，下班回家再洗，行吗？）

步骤 8

如果你们不能就分歧进行谈判（通常是因为涉及信仰或价值观的冲突），同意不一致的观点或使用练习 3。（我们在这个问题上意见不一致时，可以接受我们的分歧。"你也会同意不同的意见吗？"或者"你同意使用练习 3 来探究我们之间的差异吗？"）

伙伴关系练习 3　亲密伙伴关系建设练习：解决价值观和信仰冲突的七个步骤

使用说明：在你和伴侣都休息或有空时，用一个小时或更长不被打扰的时间。如果你们在开始练习前静静地坐在一起，也会很有帮助，这会帮助你将注意力集中在伴侣身上，让你们感情上相互依存。

步骤 1

使用反思性的倾听，轮流倾听对方对冲突的看法。一定要确认感受和内容。（在你看来，我试图控制你，而且你似乎也有些生气和怕我，我是否准确地理解了你的话语和感受？）这是这个过程中最重要的一步。完全同意并理解对方所说的内容之前，不要进行到步骤 2。

步骤 2

根据你的价值观或信仰，轮流寻找你们冲突的根源。（在你的生活中，你是否觉得人们试图控制你？）再次提醒，在下一个步骤之前，倾听并反思彼此的感受和内容。经历过产生价值观或信仰的个人经历，建立联结是非常重要的。

步骤 3

轮流寻找你感受的来源。（你生活中其他哪些时候也有这种感觉？）专注于过往经历中的任何一种感受，并且一定要反思你从对方那里听到的内容。

步骤 4

确定所有意识的转变。（根据你对自己信仰和情感的来源的探索，你对自己的价值观或信仰有什么新的认识吗？）轮流重申所有新的观念，确保你了解这些才能进入下一步。

步骤 5

现在确定协议和分歧的范围。（我想我们现在都同意，我们稳定的控制实际上是对更多关系的渴望。过去，他人试图控制我们，使彼此之间很容易变得疏远。这对我们来说可能是个问题。）再次，反思你听到的话，确保在下一步之前理解了它。

步骤 6

制订计划，处理任何有分歧的领域。（我认为如果我们中的任何一方以任何方式受到另一方的控制，那么我们就应该直接向对方提出问题，再次商谈。）达成口头协议，约定在将来的冲突中如何处理任何残余的问题。

步骤 7

看看这场冲突是否会引起强烈的感受和反应。如果是这样的话，你就需要参考练习4的帮助找到这些强烈感受和反应的来源。

伙伴关系练习4　亲密关系建设练习：确定冲突的根源

使用说明：寻找冲突的根源时，重点记住，你千万不要因为自己的原因而感到不安。如果冲突引发了强烈的感受，这就是一个信号，可以让你更深入地寻找冲突的根源。下面列出了一些常见的冲突根源，以及你可以问自己的问题，帮助你找出冲突的根源。一旦你确定了当前冲突的根源，你就可以开始审视过去关系中未完成的事情。当你确定哪些事情尚未完成，你就可以通过与他人签订协议来解决旧问题。你可以和真正让你处于冲突中的人解决问题，或者你可以和朋友、伴侣或治疗师签订协议。

1. 家庭模式来源。问问你自己这些问题：

- "对方会让我想起家人吗？"
- "我过去经历过这种或类似的冲突吗？"
- "我试图与对方一起完成的事情，源自于家人未完成的事情是什么？"
- "什么样的人或行为倾向于让我产生经常性的冲突，这些冲突与原生家庭中发生的事情有关吗？"
- "在这场冲突中我不能表达什么样的感受？这种无力感与我的家庭事件有何关系？"

2. 依赖共生的源头。问问你自己这些问题：

- "这场冲突是否会给我带来对抛弃的恐惧或对未能够满足的需求的担忧？"

- "我难以信任对方吗？他让我想起了谁？"

- "我在这场冲突中表现得像个受害者吗？"

- "我是靠权利游戏控制或操控着对方吗？"

- "我从对方身上得到我想要的东西有困难吗？"

3. 依赖无能的源头。问问你自己这些问题：

- "这场冲突会引起我对侵犯或虐待的恐惧吗？"

- "我是不是要把对方推开，避免处理我对亲密关系的恐惧？"

- "我在这场冲突中扮演着加害者的角色吗？"

- "我是不是把对方变成坏人，这样我就会觉得自己离开是有道理的？"

- "我会与第三方讨论冲突并创造秘密吗？"

- "我选择支持冲突还是支持别人的情感？"

4. 其他的来源。问问你自己这些问题：

- "对方有什么地方让我想起不喜欢自己的某一部分？"

- "这种关系冲突如何反映了自己的内在冲突？"

- "这场冲突与全球或全球问题有何关系？"

伙伴关系练习5　从源头解决棘手的冲突

使用说明：在你确定了冲突的发展根源、不完善的发展任务和未满足的发展需要之后，与伴侣签订一个协议，与你一起扮演一个场景，帮你完成这些要素。

步骤1

根据你的过去创造一个场景，要求伴侣扮演原来场景中没有解决冲突的那个人的角色。例如，邀请伴侣参与时，你可以说："你愿意扮演我的父亲，倾听我表达对他与母亲离婚的愤怒吗？"

步骤2

确定未完成或未解决的元素或要素。为了告诉伴侣你需要什么，你可以说"我从不向父亲表达我的愤怒，听他承认并接受我的感受"之类的话来设置场景。

步骤3

和伴侣制定口头协议，向他明确提出要求。你可能会说，"你会扮演有效的父亲的角色，接受我的愤怒情绪，告诉我你是否听到了我表达的情绪。在我表达了愤怒之后，我想让你告诉我，我有权利生气，并且你会仍然爱我，不会抛弃我。你会那样做吗？"

步骤4

完成协议。坐在伴侣对面完成这件事。当你向父亲表达你的愤怒之后，伴侣可能会回答说："你完全有权对我生气。我做的一切改变了你的生活，使你的生活变得很艰难。我很高兴你有勇气告诉我你的感受。我依然爱你，我不会抛弃你。"

步骤 5

让自己感受角色扮演为你带来的全部影响，这些影响可能是戏剧性的或微妙的，所以有足够的时间去充分感受可能发生的认识变化。你可能会说："我感觉轻松多了。我的下巴看起来放松了，我注意到我有些难过。父亲离开家后，我第一次失去父亲的陪伴，我一定会为此感到悲伤。我的愤怒一定使我无法感受到悲伤。"

步骤 6

提出所需的额外支持。如果你在遇到这种风险后需要伴侣的支持或反馈时，请你说："当我经历悲伤和难过时，你会抱着我或安慰我吗？"如果你真的想被抱持，重要的是澄清父亲还是伴侣在做这件事。如果你需要伴侣再次扮演父亲的角色，那么你必须向伴侣再次提出要求。始终保持角色的清晰和关系中的独立是很重要的。

步骤 7

允许伴侣离开角色。使用直接声明，承认伴侣已经完成了角色扮演，以便对方回到当下的时间和情形。对你的另一半说："我们角色扮演后，我现在感觉很完整，我们就可以恢复当前的关系。"感谢你的伴侣帮你解决了你和父亲之间过去未解决的冲突。

步骤 8

回到任何由过去的冲突引发的当前冲突中。在解决过去的冲突后，返回到当前的冲突中，看看剩下哪些要解决的问题，必要时再次使用练习。在当前的冲突中，往往没有什么需要解决的问题，一旦解决了引发当前冲突的旧有问题，当前的冲突就很容易解决。

冲突发生时，我们建议你使用这些练习。我们在工作坊和课堂上教授这个模型时，让人们按部就班地完成这些练习以解决冲突。使用这个模型作为一个路线图，你会发现在这种导航下解决冲突的方式，可以是一个愉快的过程，会让你以新的方式看待生活，感觉到与同伴更亲近和亲密。

案例分析

埃德（Ed）和林内特（Lynette）是一对夫妻，他们参与了我们的冲突解决课程。他们的婚姻是双方的第二次婚姻，致力于使这种关系正常发挥作用。两人与前任都有两个孩子。埃德的两个孩子年龄较大，在母亲身边的时间比在他身边的时间更多。林内特的孩子上高中了，和他们住在一起。当我们要求班上的同学做处理个人冲突的志愿者时，他们挺身而出。

开始处理他们的冲突时，我们要求他们描述试图解决冲突的常用方法。林内特试图与他分享她的感受时，埃德会非常理性和有逻辑，他们的处理过程就会被打破。她越是挣扎，越想分享感受，埃德就会更加理性。当压力达到一定程度时，她，也就是林内特会感到不适，开始抽离自己的情感。她会变得沉默寡言甚至走出房间。

如果她离开房间，埃德会变得烦躁不安，不断地问她问题或跟着她。他们两人都会不高兴，因为他们许多解决冲突的尝试都会以沮丧告终，甚至更多的是愤怒。他们想要学习的是如何打一场漂亮仗战胜冲突。我们同意帮助他们找到办法，解决作为他们的问题的一部分的冲突。

他们目前的冲突是埃德20岁的女儿艾米（Amy）和她2岁的孩子是否会搬离自己的家，搬过来暂时和他们住在一起。在经历了一场暴风骤雨般的青春期和一次意外怀孕之后，艾米开始接受福利救济，现在正在努力读完社区大学。埃德看着女儿和外孙女过着没有感情和经济支持的困苦日子，他感到难过的是，自己的两个孩子都没能够生活在他和林内特一起创造的温暖和关爱的家庭中。他仍然渴望弥补由于他和艾米的母亲离婚而使孩子遭受的一些损失。

林内特对艾米的举动明确表示出抗议，"艾米搬回家让我感到不习惯。她把我关在门外，让我觉得自己像个外人。我害怕埃德和我会有什么问题。"

巴里问："你和埃德之间会发生什么事？"林内特说，"嗯，艾米会完全转移埃德的注意，他不会有时间给我，甚至可能要在我和女儿之间做出选择，我们最终可能会离婚。"

贾内问埃德是否了解林内特的感受，他说："是的，我以前听过这些。我为她的孩子做了这么多，现在她却拒绝帮助我的孩子。这似乎很不公平。"

这时，林内特把头低下放在膝盖上，一条腿蜷缩在另外一条腿上，很安静。埃德密切地注视着她。低头和蜷腿表明林内特可能是进入了内心小孩的感受状态。这是一个信号，表明在那一刻埃德是她人生戏剧中的一名演员，她正在经历过去未完成的问题。

贾内说："林内特，我注意到你的腿蜷在一起。这样做很像谁？"林内特看上去有些害羞和天真，说："我的小女孩，正在想埃德可能会离开。他听起来很生气，我不想照他的想法做。我真的很害怕。"

"过去有谁离开过你？"贾内问，"当你还是个小女孩的时候发生了什么，让你担心埃德会离开你？"

"我爸爸死了，"林内特伤心地说，"我害怕埃德也会走。"这时，我们开始寻找她的人生戏剧的某些创伤中未表达的感受。

巴里说，"埃德，我要请你到房间的另一边待一分钟，你能完成这个实验吗？"

"当然。"埃德说。

巴里转身对林内特说："我想让你看一下，埃德走了。他离开了你，可能不会回来了。当你想到这个问题时，有什么感受？"

林内特一下子哭了出来，"这是我的爸爸。他离开了我，我没有完成这个阶段。我非常想念他。"

埃德开始从房间的另一端和林内特说话，所以我们示意他过来再次加入我们。

贾内转向埃德，问道，"你知道林内特现在还是这么想念父亲吗？"

到目前为止，埃德被林内特的痛苦和悲伤感动，开始接近她，

"不，我没想到会是现在这样。林内特，我知道你很小的时候，他就去世了，而且你没有跟他道别。"

"我没有得到足够的拥抱，也没有足够的陪伴，"她说，"甚至在他死前，我想和他一起玩、一起做些什么，但他从来没有时间，因为他总在喝酒。"然后她抬起泪眼看着埃德，"你给了我感到密切和安全的机会。我担心如果艾米来了，你会把所有的爱都给她，我什么都不再有。你会像爸爸那样离开，我再也见不到你了。"

巴里补充道："所以每次遇到冲突，你都会把埃德当成父亲。是吗，林内特？"

"我想是这样。虽然我没想到这一点，我只是感到害怕我们会离婚。"

巴里问林内特，"如果你现在能跟父亲谈谈，林内特，你会怎么说？"

"我会告诉他，我在成长过程中错过了什么。"

巴里又问了一个关键问题，"林内特，你喜欢埃德扮演你的父亲，现在就这样做吗？"

"是的，如果他愿意的话。你会吗，埃德？"

"我会的。"埃德笑着说。

埃德走近林内特，像个小孩子一样环抱着她。林内特，看起来像是 7 岁小女孩的样子，告诉埃德她小时候想对爸爸说的事。埃德抱着她，在她说话时来回摇晃着她，在回答她的时候轻声细语。几分钟后，林内特停止说话，静静地坐着，被埃德抱着。

经过短暂的休息后，埃德、林内特和同学一起回顾刚刚发生的事情。林内特能够确定自己错过了多少与父亲的联结和亲近，看到自己不自觉地把许多需求带入她与埃德的关系中。林内特现在也开始意识到，当她开始认识到自己将父亲投射到埃德身上时，所有这一切看起来似乎都开始变得合乎逻辑和理性。对她来说，埃德的反应迟钝，她感觉就像被抛弃一样。她可以看到，自己从冲突中解放，保护自己不受父亲抛弃的痛苦。

林内特问埃德是否愿意建立协议，以填补在父亲那里未满足的拥抱和养育的需求，获得一起玩和交谈的时间。他说他真的很想那样做。

我们问林内特和埃德，他们是否从治疗中得到了想要的东西。他们互相看着对方，泪光闪闪，然后看向我们。他们不必再多说一句话，双方都清楚他们突破了亲密关系中的重要障碍。他们后来告诉我们，在那次会谈之后，他们之间的亲密感急剧增加，他们帮助对方确定冲突期间未满足的发展需求，并致力于帮助彼此满足这些需求，持续地解决他们的冲突。

这种解决冲突的方式帮助我们认识到，大多数人际关系中，棘手的冲突都是过去未解决的冲突的结果。冲突常常涉及某种创伤，而这种创伤现在仍然存在，因为它的某些方面尚未完成：有些话没有说过或有些事没有做过。或者说了一些不被人理解或伤害他人的话或做了这样的事，也没有人注意到这些话或事带给他人的感受。

我们经常谈论创伤和小伤口的区别。当你身体或情绪上受到伤害时，当时有人理解和安慰你，就只是一个小伤口。然而，如果没有人安慰你，这种经历很可能会成为一种创伤。许多年后，这种创伤带来的感受会通过当前或反复重现的冲突激活，并且你会被这些感受冲击。

你总是可以通过对当前冲突的反应强度来判断冲突是否正在发生。如果你遇到突发的情绪冲击或能量超过目前冲突本应引起的量级，那么你就知道你正处于一场旧有的未解决的冲突或由当前冲突引发的旧有创伤。如果你有一个合作协议，从源头上解决冲突，那么你就可以让你的合作伙伴帮助你提供所需的舒适和支持，以便将创伤恢复为一个小伤口。

总结

- 持久和棘手的冲突是亲密关系的最大障碍。
- 亲密关系中爆发的许多冲突都是因为生命早期的创伤未受重视，合作伙伴关系很容易带来治愈。
- 大多数人要么在关系变得密切之前没有意识到未治愈的创伤，要么在人际关系中隐藏了这种创伤，觉得它已经奇迹般地消失了。
- 人际关系中的双方必须承诺成为合作伙伴，学习和使用解决冲突的技巧。
- 人们处理冲突最普遍的方式是避免冲突。
- 避免人际关系中的冲突侵蚀诚实的根基，冲突最终会以破坏性的方式爆发，破坏亲密和善意。

第三部分

超越依赖无能　走向伙伴关系

∞ 10　建立合作伙伴关系

爱不在于彼此凝视，而在于注视同一个方向。

——安托万·德·圣埃克苏佩里（Antoine de Saint-Exupéry）

利用人际关系将你从依赖共生和依赖无能行为中解脱出来，看似是一件容易的事情。然而，我们发现，对大多数人来说，这是一种激进的想法——至少，有意识地这样做是如此。很少有专业人士推荐过这种方法。事实上，大多数人都不鼓励夫妻一起完成这样的工作，他们要想在亲密关系中厘清自己未完成的问题实在太难了。事实上，夫妇利用外部资源帮助他自己解开旧有的关系模式，特别是任何一方有严重虐待或其他创伤的历史时，这样的做法可能是有用的或必要的。有时，人际关系中的个体需要在治疗中分开一段时间来解决问题，甚至分开一段时间来生活。

然而，我们认为，有必要把寻求自由的过程融入亲密关系中，这就是事情转变的起点。因为依赖无能和依赖共生的行为固定在人际关系中，所以它们最好在人际关系中得到治愈。

解开依赖共生／依赖无能关系

人际关系分为四个阶段，每个阶段都有必须要完成的基本发展过程。由于大多数人没有在依赖共生和依赖无能的发展阶段中完成这些过程，所以他们把这些带到亲密关系中。大多数夫妻在治疗过程中挣扎，因为他们不理解人际关系，也不认为这是他们亲密关系的一个重要来源。

> 坚定的、有意识的人际关系是打破依赖无能行为的有力工具。

为了更好地阐释我们的合作理论框架及其使用它的好处，第9章结尾提出的完整的"伙伴练习5：从源头解决棘手的冲突"，提供了一个循序渐进的工具，治愈关系中发生在儿童早期的冲突和问题。

在这一章中，你也会找到一张图表帮你识别可能存在于你当前人际关系中的不完整的发展过程和发展创伤的症状，该图表还提供了关于你和伴侣如何合作以治愈这些创伤的建议。

坚定的、有意识的关系提供了必要的安全、动机、强度和持续的接触，帮助你提出未满足的需求和未解决的问题，这样你就可以通过和伴侣合作来改变它们，最终满足你的发展需要。人际关系的真正目的是帮助我们成为全面和充分发挥作用的人。人际关系是我们所知道的关于"完整"来说最丰富的环境。完整的过程的一部分是坚定的、有意识的关系，为新形式的伙伴关系的社会和组织提供支持。我们需要新的愿景、新的工具和新的社区结构来建立伙伴关系的社会结构。每个人在重要关系中达到新的合作水平和合作关系时，我们将对生活中所有领域的不足感到不满，包括工作场所、学校、教会和社区。

夫妻关系的发展阶段和发展过程		
发展阶段	夫妻关系发展的基本过程	为完成夫妻关系发展的基本过程提供的经验
愤怒	• 彼此联结 • 建立人际关系中的原始信任 • 建立夫妻认同	• 建立友谊作为人际关系的宝贵品质 • 认识和承认彼此的精神实质 • 相互进行养育性的触摸，相互交流 • 尊重和确认彼此的需求和感受 • 给予和接受无条件的爱 • 探讨共同的利益、价值观、信仰和目标
恐惧	• 心理上彼此分离 • 解决自我需要和他人需要之间的内部冲突	• 探索人际关系之外的利益 • 将抚摸与性接触分离 • 在人际关系中确立个人目标、价值观和信仰 • 建立并尊重个人的边界 • 识别自身的需求与其他人的需求 • 直接谈判以满足需要
悲伤	• 掌握人际关系中的自我满足	• 作为一对夫妇实现客体恒常性 • 在人际关系中实现财务、专业、教育和精神平等 • 在个人需要和利益与夫妻的需要和利益之间取得平衡

夫妻关系的发展阶段和发展过程		
发展阶段	夫妻关系发展的基本过程	为完成夫妻关系发展的基本过程提供的经验
悲伤	• 在两性关系中建立平等、公平的自治形式	• 在关系中维护个人目标、价值观和信仰 • 尽管需求和/或欲望是相互冲突，彼此之间仍保持着客体恒常性
幸福或快乐	• 与彼此建立伙伴关系 • 在人际关系中发展协同增长的经验	• 利用夫妇在服务社区或世界方面的协同作用 • 利用双赢的方法解决冲突 • 建立和维持初级关系中的精神层面 • 利用人际关系作为个性化和精神共同进化的工具 • 相互肯定对方的精神价值和目标，并据此行事 • 确定夫妻之间的关系可以扩展到哪些其他的人际关系情况

识别依赖无能关系模式

为了超越两性之间的斗争，走向男性之间、男女之间、女性之间的伙伴关系，人们必须摆脱依赖无能关系模式。我们已经确定了以下四种常见的涉及依赖无能行为的夫妻关系组合。

具有依赖无能行为的男性和具有依赖共生行为的女性

这是最常见的人际关系模式。在这个组合中，男性有未满足的依赖无能需求，试图表现出强壮、安全、成功、独立和自我中心，同时想要支配和侵犯伴侣。女性有未满足的依赖共生需求，表现出懦弱、无助、不安、失败和依赖，因此她会邀请他统治和入侵，希望他最终能满足自己未满足的需求。他们的性关系主要是为了满足男性的性需要。这种组合具有明显的或微妙的优和劣之分，通常不会产生真正的亲密关系。

具有依赖无能行为的女性和具有依赖共生行为的男性

这个组合中会出现相反的模式，但是有一些重要的差异。通常在这种关系中，性关系不那么突出，甚至可能不存在，因为女性通常有性虐待或严重创伤的童年经历，这使她想逃避压抑的感情。有依赖共生行为的男性常常感觉受到控制，处于劣势，可能逐渐变得性被动或性无能。他可能会情绪低落，也可能会把内心的情感隐藏起来，而不是清晰地表达出来。他可能会等着把这些情绪转移到他人身上，扮演戏剧三角中受害者的角色。

具有依赖无能行为的男性和具有依赖无能行为的女性

这种模式在城市中年轻的职场人士中很普遍，双方有各自的职业，长时间工作且囤积了大量的物品。他们努力达成某些职业目标，很少有时间或精力去建立亲密关系。他们的关系可能已经成为一种合理的、社会认可的逃避亲密关系的形式。在许多类似的人际关系中，人们很少有性的接触，也许一年只有几次。这种人际关系组合的重点通常是持续地工作并避免更深入的亲密关系。

在这种组合中的夫妇可能有一种强迫性的需要：穿着正确的衣服，拥有正确的学历，做着正确的工作，驾驶正确的汽车，拥有正确的朋友，并选择正确的假期。重点在于他们看起来拥有一段成功的人际关系，即使并不能获得情感上的满足。他们希望他人会对他们的生活方式和择偶方式产生深刻的印象，并因此认可他们。这种试图获得别人认可的企图会产生一种平静但绝望的生活。

同时具有依赖无能和依赖共生行为的两个伴侣交换了角色

这种组合也很常见。依赖共生的伴侣追求依赖无能的伙伴，逃避或回避亲密关系。在某一点上，依赖共生的合作伙伴厌倦并放弃了对亲密的追求，并将对方推开。这触发了依赖无能伴侣对被抛弃的恐惧，使他转而追求或依赖依赖共生的伴侣。在这一点上，最初作为依赖共生的角色开始变得报复，决定他不想和其他人亲密，并完成了互补性的翻转。因此，他们在人际关系模式中互换角色，我们称之为"亲密互动"。这让戏剧和混乱的关系保持了足够长的时间，足以阻止关系组合中的亲密关系。但是，这种互动，其中一方或另一方可能会放弃互动并寻求一种人际关系组合，在这种关系组合中，双方都表现出他们的依赖无能行为。

人际关系的第五种形式，并不像人们想象的那样普遍，是两个主要表现出相互依存模式的人之间的关系。本书没有专门针对这一模式，要更多地了解它，请查阅我们的书《依赖共生》（*Breaking Free of the Co-dependency Trap*）。

人际关系的新视角

从历史的角度来看，对情感、心理和精神上的承诺关系的渴望仍然是相对新异的。在过去的 25 年中，由于心理学的进步和我们认识的扩展，这种与人际关系有关的观点已经出现。它也可能是出于满足我们童年时未满足的需要而产生的。

在 20 世纪初，婚姻更多被认为是政治性的或物质性的契约。在那个时代，人们的重点主要放在生存上，而婚姻有助于支持政治和经济联盟。不仅国家和国际层面如此，而且在乡村和农村也是如此。婚姻通常是基于两个家庭之间的某种经济关系。

在此期间，家族仍然是大多数婚姻关系的主要支持系统。随着工业化的蔓延，家族开始分裂。孩子们搬到城里工作，两次世界大战使士兵变成了世界游民。

到了 20 世纪 50 年代，核心家庭制度已经取代了家族制度。在这个进化过程中，我们看到了工作中的发展模式。21 世纪初的家族制度的运作更像是一个依赖共生的系统，成员卷入其中。在战后的 20 世纪 50 年代，核心家庭更多成为支持依赖无能行为的系统。20 世纪 60 年代和 70 年代，家庭里长大的孩子远离家乡上大学，与陌生人结婚，在其他地方工作。

到了 20 世纪 80 年代，这种文化下的许多年轻人已经解放了自己，参与了性、性别和种族革命，并通过药物、音乐和其他宗教进行更高级的认识实验。随着婴儿潮一代接近中年，这些向独立生活方式的转变为他们提供了一种舒适的生活方式和最佳的个人自由。不幸的是，他们也经历过孤独和孤立，成为工业机器中的一个齿轮，从一段不满意的关系过渡到另一段关系中，由于离婚而失去与父母的联系，面临艾滋病之类的性传染疾病的流行，许多男人和女人会感到困惑和恐惧。

个人成长和自由运动改变了 20 世纪 70 年代和 80 年代的"人际关系"运动，人们走向自我实现的新水平。在这个新兴的运动中，人们都想为孩子创造更加稳定和更有效的家庭生活体验，结束性别之战，创造长期的爱的关系，并将心理、情感和精神价值观融入人际关系之中。这是新世界里发达国家民众意识觉醒的信号。

这种新出现的意识经常被表述为一种对亲密关系的日益增长的渴望和一种特殊的亲密，这种沟通比物质上的交流更加深刻，也超越了物质伙伴关系的交流，触及与心爱之人的精神联系和心理联结。

这样的关系只有在合作伙伴之间具有深刻承诺时才有可能互助摆脱依赖共生行为和依赖无能行为，并将治愈过程作为通向更灵活的人际关系的跳板。这种新的人际关系观的最大障碍，是几乎所有人际关系中都存在的竞争性、优劣之分的模式。当夫妻基于平等、合作和相互关系建立承诺关系时，一种基于伙伴关系价值观的全新文化应运而生。

从竞争走向合作关系和伙伴关系

人际关系中竞争的主要根源是人们认为没有足够的资源可以维持这段人际关系。这种匮乏的信念从童年时代开始，一直被带入成人时代，在这段经历中，儿童经历了无条件的爱、养育、反映、积极的支持、食物或衣服来满足他们的发展需要。

我们所有的价值观和信念都是由童年时期的发展创伤形成的，长大成人后，我们仍然带着这些信念，发现它们仍然控制着我们的行为。巴里以他的生活为示例：

在我的成长过程中，家里很穷，食物往往仅够饱腹。我们都知道，第一个吃完碗里的饭的人有机会吃第二碗。我发明了"东方最快的叉子"，和弟弟竞争得到第二碗饭的机会，因为通常只有一次机会。这样匆忙的进食经常让我消化不良，养成了我快速吃饭的习惯。成年后，即使有足够的食物，我发现自己仍然会第一个吃完饭。为了避免消化不良，我不得不改变这个习惯。

你对下面的"问题解决"边栏内容的前三部分进行回应时，最好在治疗中完成这样的操作，你内心的孩子有情感支持，可以安全地探索痛苦的童年事件。改变列表中的最后一个信念是你唯一能做到的。它需要在你周围建立一个支持你的人际网络，他们可以满足你的需要，你可以和他们签订合同，直接提出你的需要。一旦有了这个网络，你就不需要竞争了，因为你有很多资源满足自己的需要。当我们与个人和夫妻一起解决问题时，建立这个支持性的网络是走向独立、相互依赖和富足的重要步骤。

创建这种网络可以为你提供一种新的家族形式。人们愿意合作，共同完成他们童年未完成的发展过程，在情感上和精神上得到巩固，并能够在最原始的水平上建立起一种伙伴关系。

我们作为专业合作伙伴的大部分能力都来自于我们的个人合作关系经验，帮助彼此治愈童年的创伤。我们向他人展示自己和伤口的深度，创造了信任和安全的基础，使我们能够冒险、自主、富有创造性。在与其他夫妇的合作中，我们也注意到他们中的许多人也有同样的结果，因为大多数人追求的是一种情感和精神上的伙伴关系。从这种合作关系中，精神层面和物质层面的伙伴关系经常出现，但这并不意味着所有夫妇都应该像我们一样成为职业伙伴。但他们仍然可以在生活中的个人方面给予更多支持。

问题解决：如何改变你对匮乏的信念

- 回顾任何你学会某种匮乏感的童年经历。（例如，我记得当时总是挨饿。）

- 确定你从这些经历中获得的核心信念。（每个人都有一种匮乏感。）

- 表达与你的匮乏经历有关的任何未表达的感受。（我很难过这种事在我家里经常发生。）

- 回顾你从经验中学到的旧有观念，看看它们在你当前的人际关系中是否仍然有效。（我现在有一个新的家庭，这里有新的机会。）

- 基于新信念创造一个新的富足的现实。（在这个新家里，我需要的已经足够了。）
- 基于一系列丰富的信念创建新的目标。（我会提出我的需要和需求，和他人谈判，以便我们都能满足自己的需求。）

关系中的支配关系与伙伴关系

新兴的伙伴关系形式与支配形式的关系明显不同。支配形式也被称为依赖无能形式，因为几乎所有依赖无能个体用来维持这种形式的关系的行为都是在试图满足自身未满足的需求。伙伴关系支持是以相互依存关系为特征的，以团结、互助和合作为基础的相互依存的行为。以下支配关系和伙伴关系的差异对比图比较了两种类型的人际关系。

支配关系和伙伴关系之间的差异	
支配关系	**伙伴关系**
·使用武力或威胁强制统治	·利用更高级的愿景，鼓励双方为了共同利益建立联系
·在权力和决策中产生不平等的现象	·创造平等的金钱地位，将知识作为共同决策的权力
·重视暴力和剥削	·重视养育的品质，如同情和非暴力

支配关系和伙伴关系之间的差异	
支配关系	**伙伴关系**
• 强制执行严格的性别角色	• 允许性别角色转换
• 具有竞争力	• 合作
• 使用恐惧创造分离	• 产生希望和崇高理想，创造团结
• 物质导向	• 精神导向
• 视妇女和儿童为财产	• 视妇女和儿童为平等、独特的个体
• 支持依赖共生和依赖无能行为	• 支持相互依赖的行为和亲密关系
• 走上一条恐惧与保护之路	• 遵循学习和发现之路
• 在沟通中使用控制、操纵和欺骗的手段	• 在交流中使用事实、同理心和直率
• 重视关系的需要或个人的需要	• 同时重视个人的需要和人际关系的需要

从这一比较中，我们可以看出这两种关系模式在理念和实践上的差异。许多夫妇来寻求我们的帮助，期待与彼此和他们的孩子建立一种伙伴关系。他们告诉我们，他们每天生活在一起有多么艰难。我们的文化支持伙伴关系之前，那些有合作理想的人必须在支持团体和小型社区中联合起来，帮助他们坚定地坚持他们的愿景。

伙伴关系的共同要素

我们一直在处理自己的人际关系，并且帮助许多其他夫妇处理他们的人际关系，发现了伙伴关系中固有的一些特征：

· 相互理解双方童年时期未满足的发展需要会导致每个人给这段关系带来不正常的行为模式。

· 努力治愈彼此的童年创伤并改变不正常的行为模式。

· 承诺在愈合过程中的冲突期间保持在一起，因为合作伙伴可能会投射并相互指责问题。

· 走向学习的道路，自我发现，并揭示每个人的真实自我。

· 努力学习制定合约、谈判、解决冲突、自我认识和反思技能。

· 致力于支持权力、机会和责任平等的伙伴关系原则。

· 承诺在所有的时间里表达关于行为、情感和需求的真相。

· 尊重彼此的个人边界。

· 重新定义人际关系中的亲密，有"起"有"伏"。

· 愿意用祈祷、冥想、肯定、许愿、夫妇关系修复、瑜伽和太极拳等精神活动，支持自我实现的关系。

创建伙伴关系

上一节中，我们简要地介绍了伙伴关系的共同要素。以下是对每个要素的更全面的讨论。

认识未完成的问题

这是伙伴关系的关键组成部分。如此多的关系冲突是由每个人带入人际关系中的不正常的行为模式引起的，特别是涉及未满足的发展需要的行为模式。在这一问题得到明确承认和处理之前，这段人际关系就不能向伙伴关系或相互依赖的阶段过渡。当两个伴侣都愿意审视当前冲突的根源，并确定其未满足的发展需要时，就有可能满足他们的需要并治愈他们的创伤。在一段关系中，合作伙伴不再需要假装他们把所有一切团结在一起，实际上他们并没有。他们可以诚实地表达未满足的发展需要，并将它们视为人际关系中的亲密的源泉。

虽然这些都是伙伴关系类型的特征，但每种关系都是独一无二的。无论是恋爱关系、亲子关系，还是两个朋友之间的关系，当下人际关系的乐趣之一就是有机会创造出符合个人需要的独特事物。随着社会中旧有的、僵化的角色逐渐消失，现在有可能出现新的男性之间、女性之间、男女之间、成人和孩子之间关系的新形式。现在，我们在人际关系中有很多选择，可以帮助我们找到安全和适当的方式来满足我们的心理、情感、精神和身体的需要。

努力治愈童年的创伤

当一对夫妇承诺帮助彼此治愈童年的创伤并满足他们未满足的发展需要时，他们为创建伙伴关系做出了必需的也是最重要的转变。这一承诺将人际关系的竞争性、匮乏性的基础转化为合作的、富足的模式。这一承诺也为人际关系中更深层次的亲密关系铺平了道路。双方最初建立关系的真正原因是童年时代开始的创伤，但人们往往没有认识到这一点。当这一现实被语言清晰描述出来时，这种人际关系中的尚未言明的梦想就会进入人们的认识并成为现实。

承诺待在一起

为了建立一段足够安全的人际关系来完成深度的治疗，你们必须承诺待在一起，并解决未完成的旧有问题。当人们暴露自己童年创伤给对方时，他们会感到脆弱和恐惧。他们担心对方会因为自己的弱点而抛弃自己。事实上，这也正是他们童年时代发生过的事情。还是个孩子的时候，我们在情感上和／或身体上被抛弃，通常不理解为什么会发生这样的事情。我们担心这样的事情会再次发生，所以我们将创伤和需要隐藏起来不被对方看到，直到我们知道他们不会抛弃或拒绝我们。

当我们和夫妇一起进行治疗时，我们会要求他们签订协议，共处 3 个月、6 个月或一年的时间来处理更深层次的问题。除非发生身体上的虐待，否则无论发生什么情况，他们都应同意在此期间保持在一起的状态。他们同意使用我们给予他们的工具，合作处理他们的关系中的问题。他们还约定参与一系列商定好的治疗课程、研讨会或支持小组，并评估他们在某些关键节点上的进展。如果他们觉得需要更多的时间，也可以同意延长时间。所需的时间长短取决于创伤的时程、合作伙伴之前在一起的时间长短以及他们在处理问题上的努力程度。

有些夫妇很好地度过了这段时间，而有些夫妇则没能度过这段时间。在开始时，我们会强调重点不在挽救这段关系上，我们的主要任务是帮助他们明白为什么他们要在一起。我们还努力弄清他们是否真心想帮助对方治愈内心小孩的创伤。如果他们没有选择互相帮助，那么我们会帮助他们尽可能分离得干净和清晰，以便他们都能以"我好，你也好"的姿态离开。我们帮助他们有尊严地离开，并以离婚或分居过程为契机，更加了解自己的问题和模式。这种有意识的分离有助于他们在下一段关系中更早地识别他们的模式，并在更早的时候解决问题。

我们曾经合作过的夫妇中，有一些夫妇实际上是在离婚后，双方的关系才有所改善。我们很清楚，他们双方都在从依赖无能阶段走向相互依存发展阶段。不幸的是，他们并不总能很清楚地看到这一点。

有些夫妻决定不再待在一起，通常都会有充分的理由。有时，他们已经积蓄了深深的恶意，以至于无法忍受彼此不断在相互刺激中触发的深层的创伤。有些人似乎并不喜欢彼此同意就他们的旧有的问题合作，还有些夫妇似乎坚信他们以各种错误的原因开始了这段感情。发现真相后，他们往往只想摆脱这种关系。他们太害怕了，无法解决彼此的问题，不得不在另一段关系中解决问题。

承诺互相学习

让我们感到惊讶的是，很多在一起的人实际上对彼此了解甚少，大多数成人都会用面具来隐藏自己真实的感受和想法。在一段合作伙伴关系中，双方都承诺摘掉面具，尽可能真实地对待彼此。

这种承诺和真实还包括收回投射到对方身上的内容，这会使得合作伙伴能够以真实的方式看待对方。例如，合作伙伴通常将正面或负面的形象投射到彼此身上，正面形象如"完美的父母""完美的伴侣"或"完美的人"，负面形象如"批评的父母""控制的父母"或"拒绝的家长"。有时候，这些投射如此强烈，以至于我们无法真正了解他人投射之外的其他方面。收回这些投射会让我们看到伴侣真实的样子，而不是把他们看作能提醒我们想起过去的某人。

在伙伴关系中，双方都必须愿意收回这些投射，并检测他们的看法是否是基于投射。这需要大量的工作和意识，但它确实会带来更多的自我发现和对人的本质的发现。

为了确认投射，我们要求夫妻们观察他们对伴侣说的话或做的事的反应，尤其是这种反应似乎与所涉及的实际情况不成比例——小题大做。这种反应表明他们正在投射，尽管他们可能不知道投射的性质。这些情况需要感知检查。例如，你可以对伴侣说："我发现你出于某种原因而对我生气。是吗？"我们也会提醒来访者，他们在投射时就不会因为自己的想法而烦恼。几乎所有的冲突都源于儿童时期旧有的伤害或未满足的需要。

承诺使用合作伙伴关系解决冲突

非常重要的一点是，夫妇双方同意从"卑鄙的斗争"战术转而发展有效的、负责的合作技巧来解决冲突。这些技能有助于建立和维持对关系的信任。我们的经验是，很少有成人见证或参与解决冲突的合作伙伴关系决议，大多数人都会接触到"解决冲突的四个骑士"：支配、恐吓、操纵和剥削。因此，当冲突发生时，人们自然而然地认为必然有赢家和输家。因为没有人愿意失败，所以就要不惜一切代价地赢得比赛。在这种情况下，没有人能够建立或维持合作伙伴关系。

合作伙伴关系中冲突解决的工具也有助于加深亲密关系。伙伴关系中的人们学会将冲突视为增长的机会，而不是将冲突和问题视为应该避免的问题。

承诺建立平等的关系

建立一种权力平等、机会平等、责任平等的关系，说起来容易但做起来难。在人际关系中，有许多微妙或不那么微妙的方式阻止人们之间的平等。我们要求夫妻放弃使用权力的游戏来获得他们想要的东西。常见的权力游戏包括暴力威胁、拒绝解决冲突、威胁离婚、责怪和辱骂对方。我们还要求他们避免拯救行为，这是一种让人感觉自己高人一等的微妙的权力游戏。当你为伴侣做了某些他可以为自己做的事情时，你必须首先问问这样做是否合适，他没有要求你这样做，你就是在营救。这为各种问题设置了舞台。正如一位男性来访者所说："妻子为我做了我没有要求她做的事，有时甚至是我不想要她做到的事情。然后，她希望我对她的所作所为表示感谢，并对她有所回应。"

我们还要求夫妇愿意一直明确提出自己的需要和需求。这阻止了救援行为，并要求每个人都为满足自己的需求承担全部责任。为了帮助夫妻更多地了解救援的情况，我们要求他们彼此"冷静"：除非对方直接要求，否则就不能为对方做任何事情。除非自己提出需求，否则他们也不能指望伴侣自动为他们做任何事情。在这项练习中，许多夫妇发现了他们如何抢夺对方权力的事例。

愿意说出真相

乍一看，这似乎很容易做到，但是，我们可以证明事实并非如此，我们都是在有重大秘密的家庭长大的，没有人告诉过我们全部的真相。这里传递的信息是，真相就是禁忌。除非我们意识到这些影响，否则我们可能很难告诉伴侣关于我们的思想、感情、需求、身体或精神信仰的真相。如果我们把一个"批判的父母"投射到对方身上，就可能更难说出真相，我们料到对方会像父母那样评判我们，所以我们彼此隐瞒本质。很多有未满足的依赖无能需要的人害怕，如果他们表现出自己的需求和不安，就会受到对方的拒绝。

尊重彼此的个人边界

许多有依赖无能问题的人没有仔细考虑就侵犯了伴侣的边界。伙伴关系中的边界，需要双方的参与。双方必须确定各自的边界，并相互沟通。双方必须同意尊重这些边界，并共同解决无意识侵犯边界的问题。尊重边界有助于建立信任，侵犯边界会比其他事情更快地摧毁信任。

寻找亲密关系的新定义

亲密关系的旧定义集中在人际关系中亲密、浪漫、高度积极的时刻中。对亲密关系的新定义，包括发展一种团结和分享的意识，也包括承担风险、在更深的层次信任对方。合作伙伴冒险具有开放性，变得更加情绪化，表现出高度的相互关心，亲密关系也会因此加深。

虽然，这似乎在很大程度上与分享积极的感受有关，但也可以涉及处理关系中的"问题"。亲密关系就像是一件有许多弦的乐器，最令人满意的关系交响曲是演奏包括乐音和杂音在内的各种和弦。和弦之间的流动会创造出各种各样有趣的互动。

用精神工具来支持这种人际关系

与任何你重视的事情一样，你必须愿意投入时间和精力去建立一种伙伴关系。如果你想让人际关系蓬勃发展，那就要加入日常的仪式和精神实践来帮助自己建立更深层的联系。这些可以是简单的操作，如散步，每天安排一点时间与对方谈论重要的事情，找些时间使用非性接触的方式相互养育，如按摩脚部或后背。你也可以利用日常的精神活动，如祈祷、冥想、瑜伽或太极来支持伙伴关系的成长。

从依赖无能到承诺和亲密

从依赖无能到承诺和亲密关系的转变可能是一个艰巨的过程。我们建议你按部就班、循序渐进地完成。一般来说，每一步骤都建立在前一步骤之上。你可能会发现自己跳过了一个步骤，因为你已经学会了前面的步骤。

对有依赖无能症状的人来说，向承诺和亲密的飞跃常常是可怕的，绝大多数人从未做出过承诺、经常逃避问题。我们建议人们逐步进入承诺中，这将为有依赖无能问题的人提供保护和安全。承诺过程的步骤如下：

- 确定你是否有任何重要的难以解决的问题，如不同层级的精神和哲学价值观、信仰，会破坏长期的亲密关系。我们经常用意图设置练习来做到这一点。
- 为每个合作伙伴制订一个个人计划，以满足其未满足的发展需要。
- 订立一个为期 3 至 6 个月的短期协议，在协议期间，合作伙伴将帮助对方治愈特定的创伤或改变特定的行为。
- 同意不会终止或威胁终止这段关系。

- 如果你想终止或续签协议，你就要同意返回咨询过程中。大多数夫妻都愿意从短期协议开始，以帮助他们确定是否需要长期协议。
- 建立一个长期的协议，阐述他们的人际关系中诸多方面的共同愿景，可以包括财务、精神、娱乐、教育、父母、家庭和职业等方面。
- 创造仪式来结束和重启一段关系，这会让你放弃旧的部分或阶段，庆祝新的部分或阶段。这种仪式鼓励个人在伴侣之间和关系之中做出改变。

这种方法可以取代在过去 20 年中普遍存在的连贯式的一夫一妻制（结束一段感情后进入另一段感情），并鼓励一种新的、有意识、有承诺、有合作的长期关系。

治愈发展创伤

以下图表确定了发展创伤中一些常见的关系问题。你可以用它来帮助你识别人际关系中反复出现的问题、其来源，以及可以用来治愈和清除它们的操作过程。为了清除其中一部分问题，你可能需要治疗师的帮助，特别是如果这些问题涉及早期的抛弃和虐待时。

自我测试：识别和治疗创伤

使用说明：在"表现程度"一栏填上数字，用此表示这个问题在你生活中的影响程度。

1 = 从不　　　 2 = 偶尔　　　 3 = 经常　　　 4 = 几乎总是

常见的问题	表现程度	儿童时期的不完整发展过程	治疗发展创伤的建议操作过程
害怕亲密		可能经历过情感、性或身体的虐待，或被照顾者侵犯边界	使用"空椅子"技术，帮助释放情感，治疗师作为保护者
有焦虑或强迫行为		可能经历过对基本需求的虐待和忽视以及以羞耻为基础的管束	学习放松和冥想技巧，让你的治疗师和你一起完成
被动，让别人来领导		几乎不支持独立的思想和行动	让治疗师扮演父母的角色，为独立思考和行动提供支持信息
害怕尝试新事物		收到更多的"否"的消息而不是"是"的消息	找出可能的施害者，让治疗师见证你的情感表达（在枕边表达），要求与伴侣进行非性的接触
容易厌烦，外部动机		缺少对探索行为的支持；可能是一个"婴儿围栏里的宝宝"	让治疗师支持你探索新的想法和活动

常见的问题	表现程度	儿童时期的不完整发展过程	治疗发展创伤的建议操作过程
拒绝他人的帮助		可能在学习边界的过程中经历过基于羞耻的管束	让治疗师帮助你表达你对羞耻的感觉
精益求精		经历过羞耻和／或虐待的管束方式，以此来控制或设置限制	请你的治疗师无条件地接纳你
不能承认错误		因犯错而受到严厉的惩罚，受到羞辱或殴打	让治疗师角色扮演一位家长，并在你犯错时理解你。寻找错误的积极面是需要学习的方式
无法遵守协议		没有有效地学会自我管理技能；个人边界不受尊重	与治疗师签订书面协议。每个人都定好违约的后果，然后实施
无法处理时间和金钱		缺乏自理能力	探索"母亲"与物质世界的关系。使用时间管理工具，所有时间安排都是结构化的。聘请财务顾问教你如何管理财务
利用恐吓或操纵来解决冲突		不允许孩子做出适合自己年龄的决定；有"直升机"父母	与治疗师创建并执行"无权力游戏"的协议。学会直接表达羞愧感

常见的 问题	表现 程度	儿童时期的不完整 发展过程	治疗发展创伤的建 议操作过程
过分内化冲突等问题，变得情绪化		以羞愧和内疚阻碍独立思想或行动的发展	使用日志恢复早期的创伤记忆。与你的治疗师签订协议，证实他们的感受和角色扮演任何未完成的对话
在给予和接受赞美上有困难		缺乏对独立的支持和积极的反馈	与治疗师签订协议，为你提供每次会谈的特定类型和数量。写下积极的肯定
对挫折和/或模糊的容忍度低		分离的努力被公然或暗中破坏；因失败而受到惩罚	参加一个荒野训练或攀岩课程来发展冒险技巧
不愿意为行为负责		缺乏有效的限制；在宽松的纪律下长大	在生活中使用目标和限制（时间、金钱、能量）来构建现实的目标和限制
遵循别人的方向而非相信自己的智慧和直觉		收到的消息表明：成为一个独立的个体是不安全的；尝试分离会被惩罚或忽略	参加公开演讲或领导力培养课程；参与新的活动探索舒适区以外的区域，这会推动你承担更多风险
害怕未来；害怕被抛弃；感到匮乏；自尊心低		可能经历了未处理的出生创伤或早期的抛弃，而产生未满足的联结的需求	与治疗师一起练习呼吸；要求治疗师通过提供无条件的爱来肯定你

常见的问题	表现程度	儿童时期的不完整发展过程	治疗发展创伤的建议操作过程
难以放松，长期身体紧张		经历过早期触摸的剥夺，缺乏婴儿时期的持续的照顾	获得按摩的养育，非性的接触
经历强迫型的饮食、抽烟、饮酒或性行为		被剥夺养育和／或爱，基本需求可能被忽视	要求治疗师给你养育性的按摩和支持
在人际关系中，感觉与他人分离或孤立		照顾者早期的抛弃	要治疗师角色扮演你的父母或照顾者，为你提供养育性的按摩
怀疑别人的动机		出生时，经历过出生创伤和缺乏关注	在一个灯光柔和、音乐舒缓的房间里，要治疗师为你盖上毯子。让伴侣引领你走上信任之路
感觉不被伴侣喜爱		收到父母和／或其他照顾者的爱的信息是不足的；通过批评而不是赞美来进行社会化教育	在怀疑或恐惧的时候，向治疗师寻求安慰。确定所有你希望父母在童年期间对你说的话和做的事，然后让治疗师对你说出这些话
无法定义需求和要求；希望别人知道如何满足这些需求		有直升机的家长：在适当的线索被提供之前，就已经预测了喂养、养育和纸尿裤的需要和满足	要求你的治疗师扮演父母的角色，允许你确认自己的需求并确认满足需求的权利。约定好直接提出你的需求

236

常见的问题	表现程度	儿童时期的不完整发展过程	治疗发展创伤的建议操作过程
不愿意以谈判的方式满足要求		受到输、赢的冲突解决方法的影响，将谈判解释为"失败"	参加冲突解决的课程并学习双赢的冲突解决办法。表达对过去失败情况的感受并肯定这些感受
无法毫无困难地完成从统一性到分离性的转变		在一切都是"非黑即白"的严肃氛围中长大，在1岁到2岁之间经历过一些创伤	找出创伤或压抑的情况，并要求治疗师见证你对这些经历的感受。学习识别各种情况下的"灰色地带"
通过拼命工作或其他强迫性的活动避免亲密关系		如果在童年期间受到过成人的虐待、侵犯或忽视，会使亲密关系变得危险	找出虐待或侵犯的实例，并要求治疗师见证你对这些经历的感受
抵制产生精神活动		在4岁至12岁之间经历过精神创伤，经历过宗教虐待	找出精神创伤的实例，并要求治疗师见证你对这些经历的感受
害怕被抛弃		出生过程中，过早地从母亲身体中分离并被送到别处照顾。在生命的第一年里，突然或长时间地与母亲分离，并被后来的创伤性分离经验强化	与治疗师签订协议"我现在要离开，我会在____回来"。解决内心的小孩的问题，来正视和释放童年期间失落和创伤的感受

常见的问题	表现程度	儿童时期的不完整发展过程	治疗发展创伤的建议操作过程
打破和／或忘记人际关系协议		有不可预知的父母。破裂的协议，对违反协议的悲伤和愤怒	与治疗师约定，保持协议以及打破协议的后果。记录过程中的感受
不愿意承认过去的冲突是当前冲突的根源		存在未经处理的暴戾，来自虐待和／或基于羞耻的管束和限制	找出虐待和／或基于羞耻的管束的实例，并要求治疗师见证你对这些经历的感受

总分：_____

评分：把"表现程度"一栏下的数字加起来，计算出你的总分，参考下面的标准做出解释。

30–60 分　　有很少的证据表明童年时期没有发生过不良的发展创伤。

60–80 分　　有一些证据表明童年时期发生过不良的发展创伤。

80–100 分　　有相当多证据表明童年时期发生过不良的发展创伤。

100–124 分　　有大量证据表明童年时期发生过不良的发展创伤。

案例分析

桑迪（Sandy）决定离开丈夫。丈夫是一位非常成功的内科医生，同时也是吸食可卡因的瘾君子。在 16 年的婚姻生活中，桑迪学会成为一名强者，几乎是在单独抚养孩子。离婚前，她在个人和团体治疗方面努力了两年，对自己和自己的生活方式有了很多了解。离婚后，她终于能够为自己和孩子创造一个稳定的经济基础。

随着孩子们逐步进入青春期，开始对家庭以外的生活产生兴趣，桑迪开始渴望男性的陪伴。离婚后，内心的孩子接受治疗后，她开始意识到自己仍然是一个十几岁的孩子。她希望找到一个能与之共享乐趣的男性朋友。那个时候，莱尔（Lyle）出现在她的生活。

莱尔也离婚了，还付了一大笔抚养费给前妻。他了解自己的财务困难，决定自我调整几年时间，这样他就不会创造出另一段不健康的关系。桑迪对生活顽皮的态度和少女一般的热情，吸引了莱尔。

他们在个体治疗中的共同经验告诉他们，一段关系是激活和治愈旧模式、未完成业务的最佳场合。他们相同的离婚的痛苦经历仍然如此鲜活，他们共同决定建立一种"承诺的友谊"的协议。他们没有任何长远的预期，同意定期一起参与娱乐和宗教活动。他们还希望，随着友谊的成熟，他们会找到机会处理出现的冲突——假设他们的冲突有旧有的问题源头。

经过大约 3 个月的会面后，他们都能够确定双方都把自己未完成的工作和母亲的形象一起投射到对方身上。他们每个人都能找到与母亲之间未解决的问题，并有意识地短时间地角色扮演对方的母亲。在接下来的两个月里，他们发现自己会更深入地投射母亲的形象在对方身上。最后，他们发现自己深陷于旧有的痛苦之中，很难把母亲的面孔从对方身上摘下来。那时，他们和我们一起寻求治疗。

我们帮助桑迪和莱尔确定他们的人际关系中各自的角色。桑迪的童年经历过极端的身体虐待，而莱尔经历过身体和情感的忽视。莱尔具有大多数有依赖无能行为的男性的特征，但是由于离婚的创伤，他已经转而陷入依赖共生问题。目前，桑迪在他们的人际关系中扮演了依赖无能的角色。由于莱尔更加关注他的依赖需求，并开始带着这些需求接近桑迪，这引起了她对亲密关系的所有恐惧。她持续认为莱尔是潜在的施虐者，并开始摆脱与他的友谊。

桑迪直面莱尔在治疗中表现出来的暴力和愤怒，她说，这让她想起了自己还是个孩子时在母亲身边的感觉。莱尔是一个相当温和的人，他被桑迪的反馈震惊了。他经历了一闪而过的愤怒，然后快速扑灭怒火。我们询问他愤怒的来源时，他回答说桑迪的话听起来像是妈妈说的。然后我们建议他们创建一个矫正养育的协议。

莱尔要求桑迪扮演他的母亲，这样他就可以告诉她，他对她的批评感到多么愤怒。当他陷入愤怒时，我们迅速将乙烯豆袋椅和旧网球拍放在他面前。他拿起球拍，开始狠狠地砸豆袋椅。他哭泣、谩骂、咆哮、抱怨母子关系的缺失，清空了 50 年来的怨恨和愤怒。然后，他开始对父亲 3 岁时抛弃他感到愤怒。又过了十几分钟，他又哭了，咆哮着父子关系的缺失。大约 20 分钟的狂怒后，他瘫倒在地板上。几分钟后，他屏住呼吸，开始安静地抽泣起来。他试探性地看着桑迪，问她是否愿意抱他。桑迪没有说话，张开双臂。他爬了过去，在她怀里蜷缩成一团。

这样的做法会帮助莱尔看到他还没有与母亲在情感上分离开来，所以他与巴里约定完成"与父母一起完成的过程"的练习（这个练习可以在第 8 章的结尾处找到）。这次会谈让他感到解脱，感觉就好像从身上卸下一个重担。

在治疗期间，桑迪目睹了莱尔的愤怒，引发自己与母亲的旧有的愤怒。然后她决定，她需要完成更多与母亲虐待经历有关的治疗工作。桑迪决定不让莱尔参与这项工作。她感谢他曾帮助她建立联系，但是这一次，没有他的参与，她也可以完成治疗。这与桑迪的保持依赖无能行为作为一种安全阀来抵抗亲密关系的一贯特征相一致，也尊重了他们目前尚未建立一种"承诺的亲密关系"的事实。

桑迪能够在治疗中发泄对母亲的愤怒，然后经历"与父母一起完成的过程"的练习。几周后，桑迪和莱尔都没有看到对方，虽然他们在电话中谈过几次，但他们觉得有必要在事情稍微有了转机之后，再回到一起。最终，他们决定这是他们之间的一段"过渡性"的治愈时期，而且双方都没有准备好建立一段更持久的关系。他们决定继续做朋友，互相支持对方的成长。

总结

· 建立一段坚定的关系是治愈发展性创伤和满足你未满足的需求的最有力和最有效的方法。
· 建立亲密的伙伴关系需要识别出双方带入这段关系里的发展创伤和未满足的需求的表现。
· 建立伙伴关系需要与伴侣合作，以治愈你们的发展创伤，并帮助彼此满足重要的发展需要。
· 通过共同完成这项工作，双方都会以你们从未想过的方式发展。这种心灵层面的工作创造了深深的爱和亲密。

♡ 11   创建伙伴关系社会

唯一能拯救人类的是合作。

——伯特兰·罗素（Bertrand Russell）

《危机常常是机会增长的催化剂》。埃里克·埃里克森写道，"个人发展的每个阶段都受到危机的影响。"比如在联结阶段，婴儿与母亲之间存在信任危机，必须解决这个危机才能完成依赖无能阶段的分离。目前人类面临的危机的严重程度和数量，也有可能为我们的进化需要提供动力。人们可能会恐惧这种进化上的飞跃性发展，因为一些少数达到相互依存的人类，如耶稣和圣女贞德，被神化然后被杀害。这些人被视为神灵，因为他们表现出心理和情感上的相互依存。 近代，亚伯拉罕·林肯（Abraham Lincoln）、莫罕达斯·甘地（Mohandas Gandhi）、约翰·肯尼迪（John Kennedy）和马丁·路德·金（Martin Luther King）达成了类似的进化水平，然后被人杀害。其他高度进化的人类，如乔安娜·梅西（Joanna Macy）、托马斯·柏励（Thomas Berry）、安德鲁·哈维（Andrew Harvey），设法避免这种命运，并为我们提供个性化生活的启发性的案例。

信徒问佛陀你是谁，佛陀的回答让他们感到惊讶。信徒问：
"你是神、圣人还是化身？"佛陀回答："都不是，我只是醒了。"
他超越了自身的个人身份，生活在一个神秘的、更清醒的状态，
他称之为"觉醒"。当我们实现自身的心理出生时，就会变得更
加清醒，意识到我们的生活和所处的世界中存在的更宏观的模式。
在这点上，我们常常可以选择基于我们的智慧传统下的普遍原则
而不是根据当地、家庭和文化规范来生活。

本章中，我们试图描述人类系统各个层面上正在发生的治愈
过程。治疗个体发展创伤的过程可以应用于所有人类系统，以这
种方式应用确实涉及一种更为复杂的思维方式，但个人和更大的
人类系统之间有许多相似之处。我们会用第 3 章中家庭三角关系
的沟通原则，向你展示如何打破人类各级系统中存在的功能失调
的依赖无能行为。这些内容还会补充第 3 章中介绍的"完成个性
化过程的指导方针"。

在人际关系中摆脱依赖无能问题的影响

上一章详细阐述的图表"夫妻关系的发展阶段和发展过程"
中的内容能帮助你更好地理解夫妻关系是如何与其他人类系统的
发展并行的。当个性化的渴望发生在亲密关系中时，其中一方希
望通过新的活动来探索世界，或想在关系之外发展友谊，因此把
这种情况作为一个积极的事件来看待是很重要的。如果双方都懂

得情感分离和个性化需要是正常的和重要的发展需要，那么统一性和分离性之间的冲突更容易处理。为了在这个过程中为你的伴侣提供情感支持，你必须理解分离过程的动态。这个过程很复杂，因为它涉及重演童年时期心理出生的努力。

分离过程常常会产生一个由两个联结的伴侣和一个外部的"吸引力"组成的三角形。此时，合作伙伴必须看清楚它的正确性，并找出可能出现在每个人身上的未满足的发展需求。使用第 3 章中总结的交流准则可以帮助简化分离过程。

如果伴侣使用破坏性的方法来帮助他分离，例如有外遇、抱怨或成瘾行为，重要的是要把这些机制作为应对压抑情绪的出现和"不熟练行为"的手段。请记住，伴侣双方正在尽其所能。同样重要的是，伴侣将他们的关系定义为治愈发展创伤的神圣场所，同时避免羞辱或责难。当双方合作，以愈合发展创伤和满足未满足的发展需要，关系将成为一个亲密关系的培养皿，而不是逃离的对象。

如果夫妇一方变得害怕，分离过程破裂，他们可能需要公正的第三方的支持，使他们完成这一重要过程。这个第三方，可能是熟悉的朋友、治疗师、牧师或一个小组，应该遵循第 3 章中列出的准则。通过使用外部资源来帮助解决亲密关系中的分离问题，你可以在关系中建立起功能性的家庭三角关系。

在家庭中打破依赖无能问题

美国著名的作家和家庭心理治疗师弗吉尼亚·萨提亚（Virginia

Satir）曾经说过，"如果你能拯救家庭，那么你将会拯救全世界"。在下面"家庭的发展阶段和发展过程"图表中，你可以看到，家庭的发展经历和发展阶段与个人或夫妇的发展阶段类似。第三列是家庭可以用来帮助他们完成每一阶段的具体做法。

家庭的发展阶段和发展过程		
发展阶段	家庭发展的基本过程	为满足家庭成员发展的基本过程提供的经验
依赖共生	• 建立父母与子女之间的纽带 • 建立对家庭的原始信任 • 建立家庭认同	• 建立一个恒定的育儿环境 • 识别并承认彼此的精神实质 • 父母和孩子之间以及兄弟姐妹之间的接触和交流 • 父母和孩子之间以及兄弟姐妹之间给予和接受无条件的爱 • 为家庭成员创造共同的兴趣、价值观、信仰和目标
依赖无能	• 在父母和孩子之间创造健康的情感分离 • 解决父母与儿童在需要和需求上的冲突	• 父母和孩子独立探索家庭以外的兴趣 • 认识每个儿童独特的才能和生活方向 • 在父母和孩子之间建立适当的边界 • 确定父母的需要和儿童的需要 • 寻求双赢的办法解决父母与儿童之间的冲突

家庭的发展阶段和发展过程		
发展阶段	家庭发展的基本过程	为满足家庭成员发展的基本过程提供的经验
独立	• 鼓励个人的自主性 • 发展个人和夫妻的自主模式 • 实现家庭的客体恒常性	• 为儿童提供管理时间、金钱、学校和课外活动的培训 • 建立以结果为基础的儿童管教方法 • 保持成人活动、兴趣、养育子女活动之间的边界 • 在成人和儿童的需要之间取得平衡 • 面对压力和 / 或冲突时，体验到家庭关系和结构的恒常性
相互依存	• 建立协商一致的决策战略 • 发展平等和公平的关系 • 发展每位成员的最大潜能	• 通过家庭会议管理家庭事务 • 重视和维持家庭成员之间的健康协议 • 在成人和儿童之间公平地分配权力 • 为所有成员提供高质量的物质资源和精神资源

到目前为止，人类历史上，大多数家庭并没有有效地解决个体和夫妻的分离问题，这些问题与依赖无能发展阶段遗留下来的不完整的发展过程有关。因为大多数父母没有完成自己的心理出生，所以当他们的孩子或配偶变得更加情绪化时，他们常常会感到害怕。孩子们的分离愿望几乎总是会激发父母的分离焦虑，并

引发失败、抛弃和拒绝的感受。父母可能会向孩子传递一些间接信息，暗示他们过于独立不太好。他们可能会紧紧抓住孩子，或者批评他们分离的企图。

到了青春期，孩子们的叛逆就会难以应付，2岁时的自我分离过程升级到更为复杂的程度。他们在成人游戏中表现出色，表达能力强且经验丰富，这将挑战父母的耐心极限。青少年需要一定的限制，帮助他们清除残余的自大、夸张、兴奋和欣快。青春期是儿童摆脱依赖无能、获得独立的最后机会。

重要的是，成人要与青少年一起制定协议，明确青少年的许可和限制。当孩子们参与设定自己的边界时，他们往往会比父母更严格。成人辅助孩子提供关于限制的信息，会让孩子们发挥个人的力量，也会组织孩子诉诸对立的行为和叛逆以感到自我和强大。在共同制定协议的时候，青少年应该明确注明，如果不遵守协议中的条款，他们会得到什么样的后果。

家庭会议是成员表达情感、获得经验、解决冲突、达成协议和产生后果的理想场所。在这里，孩子们可以亲身学习并民主参与，获得适当的交流技能，有效地学习和合作，并逐步走向自治和协作。你将在本章末尾找到开展有效的家庭会议的指导原则。

当一个协议被打破时，家长有责任让孩子承担后果，这有助于发展孩子的正直，帮助孩子看到协议是自己的，而不是外部权威的，这也有助于培养孩子的良知。父母可以让孩子监督协议条款和制定后果，这样自己就不用承担警察的角色，消解许多权力斗争的矛盾。父母给予孩子们自我力量、内在完整和个人责任感，是帮助他们走向独立和相互依赖的发展阶段的过程中一项重要的育儿任务。

家庭成员将家庭冲突和分歧置于发展的背景下理解，就会认识到孩子正处于成长中。孩子们需要听到许可，生命支持他们的情感分离，例如"你可以拥有自己的信仰、感受和梦想。你做自己时，我仍然会爱你"。

家庭分离也会激活父母未完成的问题。这可以看作是成人的天性，因为成人往往难以记住自己的童年经历。家长需要将自己未完成的问题与孩子的问题分开，了解自己的旧有问题是否影响了目前与孩子的冲突，一种方法是看看问题的大小以及你对此的反应程度。如果你的反应过激，表明你的旧有问题正在被触发。

对于父母来说，解决家庭中的分离问题是非常重要的，甚至是至关重要的，这些问题都会在依赖无能的发展阶段发生。父母们经常发现自己成为孩子父母的同时，也正在重新养育自己。这一过程可能会很复杂，父母需要外部的帮助，把自己的问题与孩子的问题分开。

家庭也是一个由不同子系统组成的系统：个人、作为夫妻的父母以及其他家庭团体。成人是家庭系统中的核心人士，必须努力保持自己的人际关系清晰明了，而且必须努力解决彼此之间的所有冲突。任何未解决的问题都会蔓延到家庭系统的孩子层面，造成家庭冲突。家庭中的孩子经常扮演"煽动者"的角色，被视为家庭中悬而未决的问题的载体。从家庭系统的角度来看，整个家庭都需要治疗。

父母常常把自己不喜欢的部分投射到孩子身上，以逃避处理自己未解决的问题。他们可能虐待、忽视、惩罚或歧视一个代表和反映自身不良方面的孩子。在这种情况下，父母可能需要心理上的帮助，以便将他们的问题与孩子的问题分开，并学会收回他们对孩子的投射。

父母也需要"啦啦队长"来赋予他们力量，认可这项复杂工作的重要性，因为这一点目前还没有得到社会的高度重视。如果我们要发展到相互依存阶段的话，这项工作对我们来说是必不可少的。知识渊博的治疗师或家长支持小组可以在康复过程中发挥重要的作用。孩子们能够离开家庭时，他们和父母都感到"我很好，你也很好"，那么孩子们就可以带着最少的未完成的问题走向相互依存阶段。这意味着，他们的成人关系以及最终与孩子的关系，将会摆脱许多困扰人类几千年的功能障碍和困难。

当人们在家庭中体验到功能性的生活方式时，他们就会把这些信息带进社区里。他们希望学校、工作场所能和家庭一样具有功能性。有功能性的个人、夫妇和家庭将有助于建立具有功能性的机构、国家，并最终形成一个更具功能性的世界。

有效的家庭会议的实施指南

1. 缓慢地开始。最好是在没有家庭危机时召开家庭会议。在大家时间都方便的时候，从短时间的会议开始（15–30 分钟），比如晚餐后的甜点时间。从有趣和简单的问题开始，比如计划家庭出游。遵守约定的时间限制，消除外部干扰，如电视、音乐、电话（约定会议期间禁止接听电话）。不要把会议搞得太复杂。

2. 给每个人相同的时间。请大家在讨论中做出贡献，哪怕只是"我现在没有任何补充"，家长们应该鼓励大家充分参与，建议每个人都提出一个问题以供讨论。

3. 专注于解决方案。避免将会议现场变成抱怨现场。只是提出问题或冲突，没有家庭成员的投入就无法解决问题。提出问题是一方面，另一方面，家庭成员可以认可积极的建议或者用积极的问题来平衡，如计划下一周的菜单、计划去哪里度假以及计划生日和家庭庆祝活动。

4. 灵活安排会议时间。每周全家人都能出席家庭会议，比每周在同一时间开会更为重要。如果难以同时让所有人聚在一起，那就可以请家庭成员高度重视会议，或者配合他们的日程安排轮流开会。

5. 制定明确的基本规则。每个人都需要了解会议的议程、持续时间和预期的内容。遵循基本的沟通原则：每个人都能被倾听，感觉被认可和接受，没有打断、贬低或辱骂。关注影响整个家庭或多个家庭成员的问题和顾虑。如果可能的话，避免在个别问题上花费时间（如"星期六我能去乔伊家吗？"）。这些小问题可以在会议结束后处理。

6. 避免救援。拯救在家庭中非常普遍，在家庭会议中可以通过让每个人直接提出他想要什么来避免拯救。如果每个人都了解这条规则，做到互相支持就会容易很多。

7. 避免使用会议作为讲台。父母可能会召开家庭会议来发泄被压抑的情感或怨恨，或在家庭中维护自己的权威。这可能会破坏会议的积极效果。

8. 一起边吃边聊。家庭会议的一个很好的方式就是供应爆米花、甜点或其他的食物。

总结

· 所有人类系统都有共同的发展过程。

· 所有人类系统都被困在同一个地方：依赖无能的发展阶段。

· 人在最能控制的个人、夫妻和家庭水平的成果的水平上时，工作效率最高。

· 我们在微系统发展上面的助力越多，复杂的宏系统的发展就会越快。

· 地球不能长时间维系人类集体性的对抗行为，而这些行为正在迅速破坏所有生态系统。

· 人类物种的未来真的取决于个人、夫妻和家庭的工作，以及将这项工作扩展到地球的宏观系统。

致 谢

首先，我们认可自己在本书中的信念，发表这种言论已经超过十五年了。我们特别感谢约翰·布雷萧，他是为数不多的认识到依赖无能工作的重要性的人之一。这对我们来说意义重大，因为在成瘾和恢复领域，依赖无能很大程度上被忽视了。

我们还要感谢许多来访者、学生和同事，他们帮助我们完善了我们的"实验"——我们从自身人际关系中学到的工具。我们也感谢本书之前版本的读者，给予我们编辑和理论的有益反馈，使之成为一种更有效的增长和变化机制。

我们也感谢新世界图书馆（New World Library）的工作人员，是他们把这本书带给更多的读者。我们感谢耐心打造并造就最终版本的全体员工，包括副社长蒙罗·马格鲁德（Munro Magruder）、高级编辑杰森·加德纳（Jason Gardner）、主编克里斯汀·卡什曼（Kristen Cashman）和本书编辑邦妮·赫德（Bonnie Hurd），在他们善良而深思熟虑的帮助下，我们能更清楚地阐述我们的工作成果。